| 3.-8. Schuljahr | *Stefanie Kraus* |

Die Weltreligionen kinderleicht verstehen

Judentum, Christentum, Islam, Hinduismus und Buddhismus unter die Lupe genommen

www.kohlverlag.de

Die Weltreligionen kinderleicht verstehen

12. Auflage 2024

© Kohl-Verlag, Kerpen 2007
Alle Rechte vorbehalten.

Inhalt: Stefanie Kraus
Illustrationen: © clipart.com & wikimedia commons
Umschlagbild: Julia Roth
Redaktion: Kohl-Verlag
Grafik & Satz: Kohl-Verlag
Druck: farbo prepress GmbH, Köln

Bestell-Nr. 10 707

ISBN: 978-3-86632-707-8

Das vorliegende Werk und seine Teile sind urheberrechtlich geschützt. Jede Nutzung in anderen als den gesetzlich zugelassenen Fällen bedarf der vorherigen schriftlichen Einwilligung des Verlages. Hinweis zu § 52a UrhG: Weder das Werk noch seine Teile dürfen ohne eine solche Einwilligung eingescannt und in ein Netzwerk oder das Internet eingestellt werden. Dies gilt auch für Intranets von Schulen und sonstigen Bildungseinrichtungen.

Der vorliegende Band ist eine Print-Einzellizenz

Sie wollen unsere Kopiervorlagen auch digital nutzen? Kein Problem – fast das gesamte KOHL-Sortiment ist auch sofort als PDF-Download erhältlich! Wir haben verschiedene Lizenzmodelle zur Auswahl:

	Print-Version	PDF-Einzellizenz	PDF-Schullizenz	Kombipaket Print & PDF-Einzellizenz	Kombipaket Print & PDF-Schullizenz
Unbefristete Nutzung der Materialien	x	x	x	x	x
Vervielfältigung, Weitergabe und Einsatz der Materialien im eigenen Unterricht	x	x	x	x	x
Nutzung der Materialien durch alle Lehrkräfte des Kollegiums an der lizenzierten Schule			x		x
Einstellen des Materials im Intranet oder Schulserver der Institution			x		x

Die erweiterten Lizenzmodelle zu diesem Titel sind jederzeit im Online-Shop unter www.kohlverlag.de erhältlich.

Inhalt:

- **Vorwort**   4 - 5

- **Judentum**   6 - 18
    - I. Geschichte
    - II. Jüdische Feste
    - III. Bräuche, Riten & Symbole

- **Christentum**   19 - 27
    - I. Geschichte, Hintergrund, Glauben
    - II. Christliche Feste
    - III. Bräuche, Riten & Symbole

- **Islam**   28 - 38
    - I. Geschichte, Hintergrund, Glauben
    - II. Islamische Feste
    - III. Bräuche, Riten & Symbole

- **Hinduismus**   39 - 49
    - I. Geschichte, Hintergrund, Glauben
    - II. Hinduistische Feste
    - III. Bräuche, Riten & Symbole

- **Buddhismus**   50 - 58
    - I. Geschichte, Hintergrund, Glauben
    - II. Buddhistische Feste
    - III. Bräuche, Riten & Symbole

- **Der Abschlusstest**   59 - 61

- **Die Lösungen**   62 - 64

Bildquellennachweis:

- Seite 30: Abbildung „Pilger in Mekka" aus www.wikipedia.de, Autor: Ali

Vorwort

Liebe Kolleginnen und Kollegen,

sicherlich stellt sich der eine oder andere von uns die Frage, ob es wirklich nötig ist, die einzelnen Weltreligionen zu kennen. Gerade in der Zeit allgegenwärtiger Globalisierungstendenzen erscheint es mir wichtig, gegenseitige Toleranz und Akzeptanz zu üben. Geschieht dies nicht, können sehr schnell unüberbrückbare Differenzen und Missverständnisse aufkeimen. Nur derjenige, der weiß, wieso sich einzelne an andere Sitten, Bräuche und Religionen halten, kann auch diese Menschen verstehen. Ganz besonders im Religionsunterricht wurde mir klar, dass viele Missverständnisse zwischen den vorliegenden Religionsgemeinschaften für gegenseitiges Unverständnis verantwortlich sind.

In einer Zeit von EU und Zusammenwachsen der Welt rückt eines immer deutlicher ins Zentrum: Wir müssen darauf Wert legen, unseren Schülerinnen und Schülern zu vermitteln, dass nur ein gemeinsames Miteinander letztendlich zum Erfolg führen kann. Ich möchte an dieser Stelle ein typisches Beispiel aus dem Schulalltag zur Sprache bringen: Es ist der wöchentliche Religionsunterricht. Gerade diese Stunden, die zu einer (immer häufiger vorkommenden) nicht übersehbaren Trennung der Klassengemeinschaft führen, wird schnell klar, dass ganz offensichtliche Missverständnisse zwischen den einzelnen Religionen unserer Weltengemeinschaft herrschen. Meine persönlichen Erfahrungen zeigen, dass schon die Kleinsten in der Grundschule das „Anders-sein" häufig völlig ablehnen. Ich stieß im Laufe der Jahre nicht immer auf Freundschaft und gegenseitiges Miteinander (oder Nebeneinander?) - leider begegnen mir viel zu oft Erfahrungen einer erschreckend offenen gegenseitigen Intoleranz, die sich meistens stets wiederkehrender und allgegenwärtiger Vorurteile bedienten. Um dem entgegenzuwirken, ist es außerordentlich wichtig, den Kindern zu offenbaren, wie vielfältig und zugleich unterschiedlich die einzelnen Kulturkreise und Weltreligionen doch sind. Dabei habe ich stets großen Wert darauf gelegt, den Kindern klarzumachen, dass es trotz der vielen Besonderheiten stets gewisse Gemeinsamkeiten gibt, die kaum wegzudiskutieren sind. Genau an dieser Stelle beginnt dann stets der ehrgeizige Versuch, die einzelnen Glaubensrichtungen auf eine gemeinsame Grundlage zu stellen, eben ein gemeinsames Miteinander zu verwirklichen.

Das Heft „Die Weltreligionen kinderleicht verstehen" ist die Essenz jahrelanger ganz persönlicher Erfahrungen. Nicht immer waren meine Versuche, die unterschiedlichen Kulturkreise zusammenzuführen, von Erfolg gekrönt. Und doch gab es erstaunliche Ergebnisse – und Zugeständnisse!
Nur die Vermittlung der unterschiedlichen Sitten und Gebräuche der einzelnen Religionsgemeinschaften erlaubt es, Andersdenkende zu verstehen, anzuerkennen und schließlich zu akzeptieren. Nur und genau so finden sich schließlich gemeinsame Nenner!
Folgendes methodisches Vorgehen hat sich bei mir stets bewährt: Erstellen Sie Gruppen, die jeweils das Material einer bestimmten Weltreligion bearbeiten und dieses anschließend ihren Mitschülerinnen und Mitschülern in einer Präsentation näherbringen.

Der Clou hierbei: Jede Gruppe hat im Speziellen die Aufgabe, die besonders herausragenden Eckpfeiler der jeweiligen Weltreligion zu ermitteln und bei der Präsentation zentral in den Vordergrund zu stellen. Die anschließenden Gesprächsrunden können dabei sehr interessant werden! Versuchen Sie doch einfach, nach allen Präsentationen neue „gemischte" Gruppen mit je einem Vertreter einer Religionsausrichtung zu bilden. Diese Gesprächs- und Arbeitsrunden sind stets recht aufschlussreich und führen (wie von selbst) nicht selten zu einem (leider zugegebenermaßen viel zu oft kurzfristigen) spannenden Miteinander!

Ich wünsche Ihnen ein erfolgreiches und motivierendes Arbeiten mit den vorliegenden Kopiervorlagen! Ihre

Stefanie Kraus

Was versteht man unter einer Weltreligion?

Zahlreiche Religionswissenschaftler aus den unterschiedlichsten Kulturen haben im Laufe der Jahre versucht zu definieren, was eine „Weltreligion" ist. Doch eine einheitliche klare Definition ist bis jetzt noch immer nicht gegeben. Dies ist auch verständlich, denn es stellt sich die Frage, auf welche gemeinsamen Eckpunkte sich Weltreligionen reduzieren lassen. Kann man dies an der Zahl der Anhänger festmachen? Ist es der gemeinsame Ursprung? Ein festgelegtes zugrundeliegendes Schriftstück wie die Bibel oder der Koran? Oder gelten gar nur Religionen, die dem Individuum endzeitliche Erlösung versprechen?

All diese unterschiedlichen Betrachtungsweisen lassen keine allgemeingültige Definition zu, weswegen ich mich auf die folgenden fünf Religionen beschränkt habe:

- Christentum (2,1 Mrd. Anhänger)
- Judentum (15 Mio. Anhänger)
- Islam (1,3 Mrd. Anhänger)
- Hinduismus (850 Mio. Anhänger)
- Buddhismus (375 Mio. Anhänger)

> Heutzutage ist es sicherlich angebracht, von „Religionen der Welt" zu sprechen, genauso wie es die meisten Religionswissenschaftler auch tun.

1. Judentum

I. Geschichte

- Geschichte
- Glaubensgrundlage
- Juden

II. Jüdische Feste

- Alle Feste im Überblick

III. Bräuche, Riten & Symbole

- Bat Mizwa & Bar Mizwa
- Die Synagoge
- Die Klagemauer
- Ein jüdischer Friedhof
- Der jüdische Haushalt
- Der Sabbat
- Symbol – Der Siebenarmige Leuchter

1. Judentum

I. Geschichte

Das Judentum war die erste Weltreligion, die nur an einen Gott glaubte. Das jüdische Volk sieht seinen Ursprung in Abrahams Bund mit Gott. Abraham sagte, dass es nur einen einzigen unsichtbaren Gott gäbe. Nach dieser Erkenntnis zog Abraham aus der Region, in der heute das Staatsgebiet des Irak liegt, in Richtung Jerusalem.

Isaak und Jakob führten den Bund mit Gott weiter. Jakobs Nachfahren zogen von Kanaan (Palästina/Israel) nach Ägypten, um einer Hungersnot zu entfliehen. Ihre Nachfahren gelangten so in Ägypten in die Sklaverei. Mose führte sie als das auserwählte Volk Gottes wieder heraus und erhielt am Berg Sinai die 10 Gebote. Nun kehrte das Volk Israel zurück in das Gebiet des heutigen Staates Israel. In Jerusalem entstand der erste Tempel, der für die Juden eine große religiöse Bedeutung hat. Die Juden tragen seit Generationen (ca. 3000 Jahre) schriftliche und mündliche Überlieferungen über die Geschichte und Gesetze weiter. In der Thora ist dies schriftlich niedergelegt. „Thora" bedeutet: Die Weisung Gottes, dessen wichtiger Teil, der Pentateuch (fünf Bücher Mose), eine zentrale Rolle für das Judentum spielt. Viele Propheten sagten einen Messias (König der Juden) voraus, der laut jüdischem Glauben bis heute noch nicht auftauchte.

Der Talmud ist ein Gesetzestext, der Religionsregeln vorgibt. Nach diesen Regeln sollen sich die Juden verhalten.

Jude wird man automatisch, wenn man eine jüdische Mutter hat. Nur einen jüdischen Vater zu haben, reicht dagegen nicht aus. Das Übertreten zur jüdischen Religion ist möglich. Das Judentum nimmt seine Feste und Bräuche sehr ernst. Man richtet oft sein Leben danach aus. So ist es beispielsweise üblich, den Sabbat zu feiern oder nur koschere Nahrung zu essen. Im Laufe der Geschichte wurden die Juden oft verfolgt und wegen ihres Glaubens umgebracht. Der heutige Staat Israel kämpft deshalb dafür, vielen Juden eine Heimat zu geben. Auch beim Judentum haben sich verschiedene Glaubensrichtungen etabliert: So gibt es orthodoxe Juden, konservative Juden und Reformjuden, die ihren Glauben unterschiedlich stark ausleben.

Berg Sinai

EA  **Aufgabe 1:** *Beantworte die folgenden Fragen zur Geschichte des Judentums in vollständigen Sätzen! Schreibe in dein Heft/in deinen Ordner!*

a) Was ist der sogenannte Ursprung der jüdischen Religion?

b) Woran glaubte Abraham fest?

c) Wer führte die Juden aus der Sklaverei in Ägypten?

d) Was erhielt Mose am Berg Sinai?

1. Judentum

 **Aufgabe 2:** *Löse das Rätsel! Die Buchstaben in den grauen Kästchen ergeben, in die richtige Reihenfolge gebracht, ein Lösungswort!*

    a) So werden die Geschichten und Gesetze überliefert.
    b) Das bedeutet der Begriff „Thora".
    c) Auch so werden die Geschichten und Gesetze überliefert.
    d) So nennt man die 5 Bücher Mose.
    e) Nach dem jüdischen Glauben kam dieser bis heute noch nicht.
    f) Das gibt der Talmund gläubigen Juden vor.

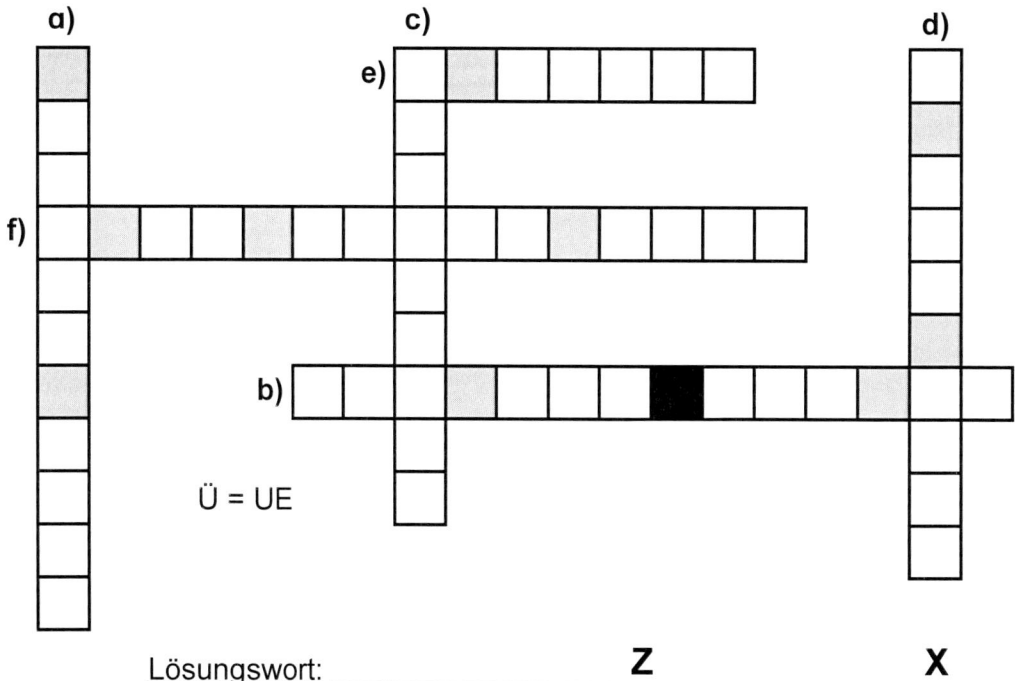

Ü = UE

Lösungswort: __ __ __ __ __ Z __ __ __ X __

 **Aufgabe 3:** *Beantworte die folgenden Fragen in vollständigen Sätzen!*

    a) Unter welchen Voraussetzungen wird man automatisch (von Geburt an) Jude?

1. Judentum

b) Wie erging es den Juden oft im Laufe der Geschichte?

_____

_____

_____

c) Was möchte der Staat Israel?

_____

_____

_____

_____

EA

Aufgabe 4: *Diese verschiedenen Glaubensrichtungen gibt es unter anderem:*

- _____

- _____

- _____

EA

Aufgabe 5: *Verbinde die zusammengehörenden Satzteile!*

Das Judentum glaubt ...	A ○	○ 1	... aus der Sklaverei.
Mose führte die Juden ...	B ○	○ 2	... nur an einen Gott.
Das Judentum sagt ...	C ○	○ 3	... für einen unabhängigen Judenstaat.
Der heutige Staat Israel kämpft ...	D ○	○ 4	... der Messias ist bis heute nicht gekommen.

1. Judentum

II. Jüdische Feste

Mit dem Thora-Fest werden die einzelnen Abschnitte der Thora wieder von vorne gelesen.

Das Passahfest feiert den Auszug der Israeliten aus Ägypten und die damit verbundene Befreiung von der Sklaverei. Der Sederabend leitet am Vorabend das Passahfest ein mit bestimmten Speisen, die an die Sklaverei erinnern sollen. Alle essen gemeinsam an einem großen Tisch.

Am Versöhnungstag wird man von allen Sünden gereinigt. Reue und Umkehr stehen an diesem Tag im Mittelpunkt.

Das Laubhüttenfest ist eine Erinnerung an die Zeit, als die Juden in Zelten wohnten, als sie durch die Wüste wanderten.

An Chanukka wird die Wiedereinweihung des Tempels gefeiert. Als die Feinde im Jahr 164 v. Chr. den Tempel verlassen hatten, war kaum noch geweihtes Öl für den Leuchter da. Das Öl sollte nur noch für einen Tag reichen und man zündete den Leuchter an. So geschah das Chanukkawunder, denn der Leuchter brannte acht Tage lang, bis wieder geweihtes Öl zur Verfügung stand. Als Erinnerung zündet man heute jeden Abend eine Kerze des achtarmigen Leuchters an.

Das Wochenfest lobt die 10 Gebote, die Mose am Berg Sinai erhalten hat. An diesem Tag feiert man auch ein Erntedankfest.

Mit dem Widderhorn wird zum Jahresanfang geblasen, denn nun beginnt die Umkehr und die Zeit der Buße. Die folgenden 10 Bußtage werden mit dem Versöhnungstag abgeschlossen.

Das Losfest erinnert an die Zeit der Juden in Persien. Damals wollte der mächtige Hofbeamte Haman alle Juden töten lassen und befragte zu diesem Vorhaben das Los, da er einen günstigen Zeitpunkt suchte. Ester aber erreichte beim König die Rettung der Juden und Haman wurde getötet. Seither verkleiden sich die Kinder an diesem Tag und rasseln, sobald irgendwo der Name Haman fällt.

1. Judentum

Aufgabe 6:
- Übertragt die Skizze des jüdischen Jahreskreiskalenders in groß auf ein Blatt Papier!
- Die folgenden Begriffe zeigen die acht wichtigsten jüdischen Feste. Übertragt nun in eure große Skizze die Bedeutungen der einzelnen Feste!

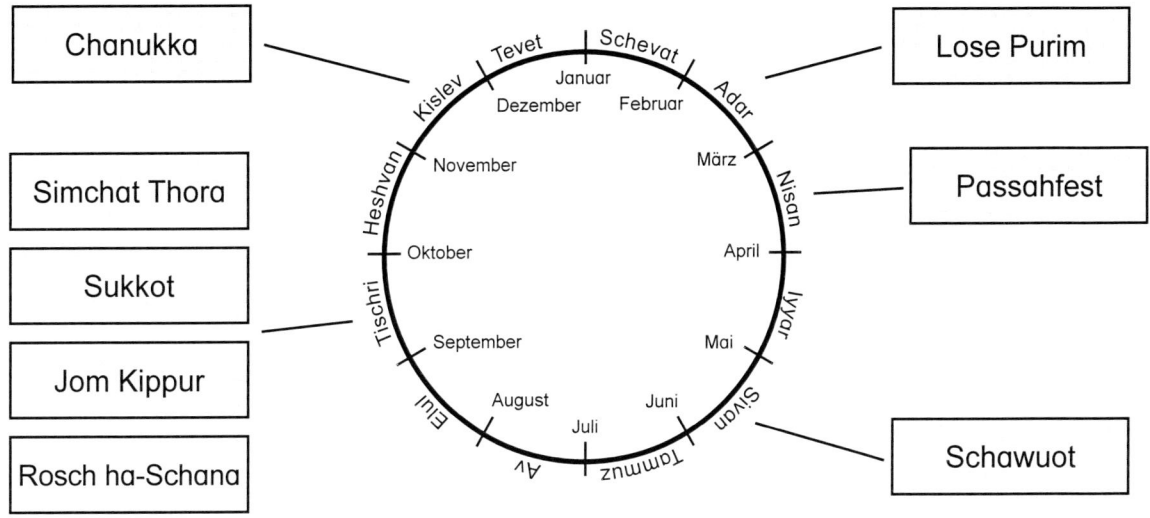

Aufgabe 7: Verbinde, was zusammengehört!

Am Chanukkafest ...   A ○   ○ 1   ... erinnert an die Zeit der Wanderschaft durch die Wüste.

Das Wochenfest ...   B ○   ○ 2   ... lobt die 10 Gebote.

Das Losfest ...   C ○   ○ 3   ... wird die Wiedereinweihung des Tempels gefeiert

Das Laubhüttenfest ...   D ○   ○ 4   ... wird der Auszug aus Ägypten gefeiert.

Am Passahfest ...   E ○   ○ 5   ... erinnert an die Zeit der Juden in Persien.

1. Judentum

III. Bräuche, Riten und Symbole

Bar Mizwa und Bat Mizwa

Ein jüdischer Junge wird mit 13 Jahren Bar Mizwa. Nun ist er ein Erwachsener. An seinem 13. Geburtstag oder kurz danach darf er zum ersten Mal in der Synagoge aus der Thora lesen. Er ist nun ein Sohn des Gesetzes und hat damit alle Rechte und Pflichten eines jüdischen Mannes. Von nun an ist er mit dem Gebetsmantel (Tallid), der runden Kopfbedeckung (Kippa) und dem Gebetsriemen (Tefillin, Schel Jad, Schel Rosch) und den Schaufäden ausgestattet. An diesem Tag findet ein Fest für ihn statt.
Die Mädchen feiern an ihrem 12. Geburtstag Bat Mizwa. Das heißt, dass sie nun Tochter der Pflicht sind (sie müssen sich an alle Regeln und Gesetze halten). Das kann ähnlich groß gefeiert werden, denn die Mädchen sind jetzt religiös mündig.

Die Synagoge

Die Synagoge ist das Haus der Versammlung. Hier treffen sich die Gläubigen zum gemeinsamen Gebet. Bei den streng orthodoxen Gemeinden sind im unteren Bereich nur die Männer. Die Frauen beten auf einer Empore. In der Synagoge befindet sich der Thoraschrein, der die Thorarollen beinhaltet. Außerdem gibt es in einigen Gemeinden noch an jedem Platz ein verschließbares Kästchen, in dem sich Gebetsmantel, Gebetsriemen und Gebetbuch befinden. Das hat den Vorteil, dass man am Sabbat, an dem geruht wird, nichts mit in die Synagoge bringen muss. Viele andere religiöse Gegenstände finden sich ebenfalls in dem Gotteshaus, so beispielsweise ein achtarmiger Leuchter, der Chanukka-Leuchter und das ewige Licht, das von der Decke herabhängt. Der geistige Führer einer Gemeinde ist der Rabbi, der den Gottesdienst feiert. Dies kann geschehen, sobald 10 gläubige Männer in der Synagoge versammelt sind.

Alte Synagoge in Essen

Die Klagemauer

Klagemauer in Jerusalem

Die Klagemauer ist die Westmauer des Jerusalemer Tempelplatzes. Auch an ihr haben Männer und Frauen verschiedene Abschnitte, an denen sie beten dürfen. Die Klagemauer ist schon sehr alt. Teile von ihr stammen aus der Zeit des jüngeren Tempels. Das besondere an ihr ist, dass jeder Mensch, egal ob Jude, Christ oder andersgläubig, mit einer Kopfbedeckung versehen zu der Mauer gehen kann, um zu beten.

1. Judentum

Ein jüdischer Friedhof

Ein jüdischer Friedhof ist bedeckt mit vielen Steinplatten, unter denen sich die Gräber befinden. Jedes Grab erhält einen Grabstein, auf den man keine Blumen stellt, sondern jeder Besucher einen Stein legt. Der Stein dient als Erinnerung an einen Besuch. Während der Trauerwoche sprechen gläubige Juden das Kaddisch, eines der wichtigsten jüdischen Gebete.

Der jüdische Haushalt

In einem jüdischen Haushalt geht es anders zu, als wir es kennen. Schon wenn man zur Tür hereinkommt, bemerkt man am Türrahmen ein kleines Kästchen, das Teile des Thoratextes enthält und der Türsegen für das Haus ist. Diese Mesusa wird von gläubigen Juden beim Eintreten berührt, um dann einen Segensspruch zu sagen. Auch in der Küche gelten besondere Regeln: Sowohl im Kühlschrank als auch auf den Arbeitsflächen werden Milch und Fleisch streng getrennt. Sogar separate Teller gibt es für die verschiedenen Speisen. Nur koschere Speisen werden gegessen. Deshalb ist Schweinefleisch nicht erlaubt. Auch wird nur nach besonderen Reinheitsvorschriften (koscher) geschlachtet.

Der Sabbat

Der Sabbat, auch Schabbat genannt, ist der Ruhetag für alle Juden. Sabbat ist von Freitagabend seit Sonnenuntergang bis zum Samstagabend. An diesem Tag sind die Juden verpflichtet, zu ruhen. Deshalb sollte an diesem Tag auch nicht gearbeitet werden. Da es ein besonderer Tag ist, ziehen sich die Juden an diesem Tag auch besonders schön an. Es wird gemeinsam gegessen und die Synagoge besucht.

Symbol – Der Siebenarmige Leuchter

Der Menora erinnert an die 40-jährige Wüstenwanderung des israelischen Volkes.

links: Der Siebenarmige Leuchter
rechts: Josuas Belagerung von Jerichow

1. Judentum

Aufgabe 8: Ordne die Begriffe richtig zu! Begriffe können dabei auch mehrfach verwendet werden!

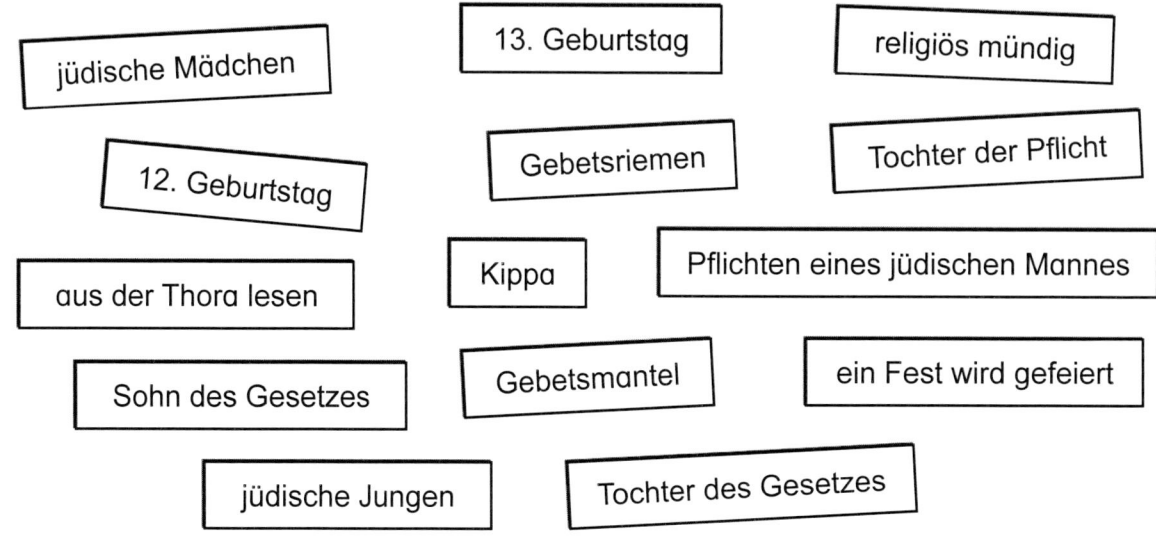

Bat Mizwa	Bar Mizwa

Aufgabe 9: Erforscht im Internet den Ablauf eines Bar Mizwa-Festes (oder Bat Mizwa-Festes) genau! Erstellt einen Ablaufplan!

Seite 14

1. Judentum

Aufgabe 10: *Beantwortet gemeinsam die folgenden Fragen!*

a) Was macht man in der Synagoge?

_____

_____

b) Wo befinden sich die Frauen in der Synagoge?

_____

_____

c) Wieso befindet sich an jedem Platz in der Synagoge ein verschließbares Kästchen?

_____

_____

_____

d) Nennt zwei religiöse Dinge, die ebenfalls im Gotteshaus aufbewahrt werden!

_____

_____

e) Wer ist der geistige Führer der jüdischen Gemeinde?

_____

_____

f) Wann kann in der Synagoge ein Gottesdienst gefeiert werden?

_____

_____

Seite 15

1. Judentum

GA

Aufgabe 11: *Findet euch zu dritt zusammen und schreibt in Stichworten auf, was ihr alles über die Klagemauer wisst!*

EA

Aufgabe 12: a) *Was bringt man auf einen jüdischen Friedhof mit?*

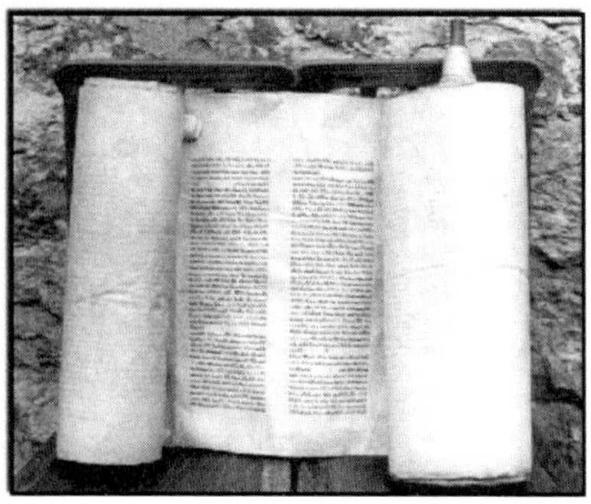

b) *Was beten Juden während der Trauerwoche?*

EA

Aufgabe 13: *Kreuze die richtigen Aussagen an!*

a) ☐ Wenn man ein jüdisches Haus betritt, muss man sich die Schuhe ausziehen.

b) ☐ Gläubige Juden berühren beim Eintreten die Mesusa und sagen einen Segensspruch.

c) ☐ In der Küche werden Fleisch und Milch getrennt behandelt.

d) ☐ Im Kühlschrank bewahrt man Milch und Fleisch gemeinsam auf.

e) ☐ Es werden nur koschere Speisen gegessen.

f) ☐ Schweinefleisch ist besonders beliebt.

g) ☐ Es wird nach besonderen Reinheitsvorschriften geschlachtet.

KOHL VERLAG DIE WELTRELIGIONEN KINDERLEICHT VERSTEHEN – Bestell-Nr. 10 707

1. Judentum

Aufgabe 14: a) Welche Bedeutung hat der Sabbat für die Juden?

EA

_____

_____

_____

b) Was machen Juden normalerweise am Sabbat?

_____

_____

Aufgabe 15: Mit welchem Tag ist der jüdische Sabbat bei den Christen vergleichbar?

PA

_____

Aufgabe 16: Die jüdischen Speisegesetze sind sehr streng, wenn sie (wie es viele Juden tatsächlich tun) genau befolgt werden. Sammelt gemeinsam Informationen (z.B. aus dem Internet unter www.de.wikipedia.org ⇨ jüdische Speisegesetze) zu folgenden Punkten der jüdischen Speisegesetze!

- koscher (Definition)
- schächten
- Aufbewahrungs- & Zubereitungsregeln
- die Lebensmittel (milchig, fleischig, neutral)

Erstellt gemeinsam einen kleinen Vortrag darüber und präsentiert eure Ergebnisse den anderen Gruppen in der Klasse!

1. Judentum

Aufgabe 17: Löse das Kreuzworträtsel, indem du die Aufgaben beantwortest und die Begriffe in die Kästchen einträgst! Die Buchstaben in den grauen Kästchen ergeben, in die richtige Reihenfolge gebracht, ein Lösungswort!

EA

a) Daraus darf ein jüdischer Junge nach seinem 13. Geburtstag lesen.
b) So heißt der Tag, an dem die Mädchen religiös mündig werden.
c) Das erhalten die Jungen an Bar Mizwa.
d) So heißt das jüdische Versammlungshaus.
e) Diese Personen beten auf der Empore.
f) Dort befinden sich die Thorarollen.
g) Sehr alte religiöse Stätte, an der nicht nur Juden beten dürfen.
h) Das bringt ein Besucher auf einen jüdischen Friedhof mit.
i) So ist das Fleisch von Tieren, das nach jüdischen Reinheitsvorschriften geschlachtet wurde.
j) So heißt das Kästchen, das am Türrahmen eines jüdischen Haushaltes hängt und Teile des Thoratextes enthält.
k) Das ist der Sabbat.
l) Sie dauerte 40 Jahre und ihr Erinnerungssymbol ist der siebenarmige Leuchter.

Lösungswort: _____

2. Christentum

I. Geschichte, Hintergrund, Glauben

- Allgemeine Informationen
- Verschiedene christliche Richtungen
- Bibel Altes Testament und Neues Testament
- Jesus, der Christus, seine Apostel und das Reich Gottes
- Die 10 Gebote, das Vaterunser, die Nächstenliebe (Doppelgebot der Liebe)

II. Feste

- Weihnachten und Heilige Drei Könige
- Karfreitag, Ostern und Pfingsten
- Sakramente

III. Bräuche, Riten & Symbole

- Den Glauben leben: Kirchen, Pfarrer & Pastor, ...
- Symbol Kreuz = Erinnert an Sterben und Tod Jesu

2. Christentum

I. Geschichte, Hintergrund, Glauben

Allgemeine Informationen

Das Christentum hat 2,1 Milliarden Anhänger in fast allen Ländern der Erde. Das Christentum ist in Europa, Asien und Amerika am weitesten verbreitet. In Afrika nimmt die Zahl der Christen immer mehr zu, in Asien und Amerika auch.

Die verschiedenen christlichen Richtungen

Die Christen sind in viele verschiedene Richtungen aufgeteilt. Die drei größten Gruppierungen sind die katholischen, evangelischen und orthodoxen Christen. Selbst die evangelischen Christen sind sich auch nicht alle einig, es gibt hier auch viele verschiedene Unterteilungen. So zum Beispiel die Lutheraner, die Anglikaner, die Mennoniten, die Baptisten, die Quäker und die Pfingstbewegung. Die einzelnen Richtungen entstanden durch verschiedene Glaubensüberzeugungen, mit deren Ergebnissen nicht alle Gläubigen einverstanden waren und sich deshalb in verschiedene Richtungen abspalteten. Hinzu kommen noch verschiedene Reformbewegungen, die auch nicht alle Christen mitmachten.
Unten siehst du in der Abbildung zur besseren Verdeutlichung die verschiedenen Abspaltungen.

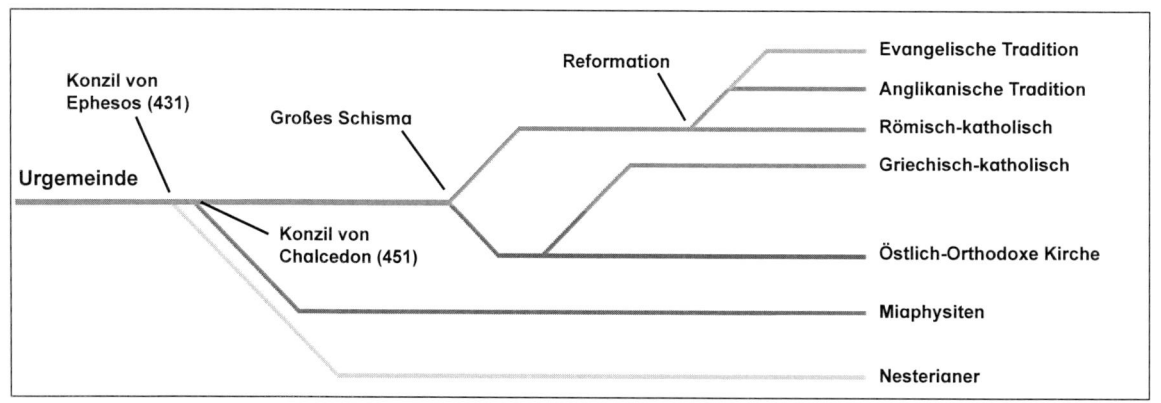

Die Bibel

Das Wort „Bibel" bedeutet soviel wie „Buch der Bücher". Dies stimmt so, denn die Bibel ist eine Zusammenstellung verschiedener Bücher, aufgeteilt in das „Alte" und „Neue" Testament. Das Wort „Testament" bedeutet „Bund". Im Alten Testament wird die Geschichte des Bundes Abrahams mit Gott, die Schöpfungsgeschichte und vieles andere erzählt. Das Neue Testament besteht aus den vier Evangelien, die Leben, Tod und Auferstehung Jesu behandeln. Die folgenden Bücher und Briefe berichten von der Gründung der ersten Gemeinden durch die Apostel.

2. Christentum

Jesus, seine Apostel und das Reich Gottes

Jesus ist der Sohn Gottes. Gott schickte ihn auf die Erde, um die Menschen von der Auferstehung nach dem Tod zu überzeugen und wieder zum Glauben zurückzuführen. Geboren wurde Jesus von Maria in der Stadt Betlehem. Maria war die Frau von Josef, der Jesus wie einen Sohn aufzog. Als Jesus größer wurde, begann er zu predigen und wurde von den Mitmenschen als Rabbi, als Lehrer, gesehen. Jesus war ein Jude, der von Gottes Himmelreich in seinen Predigten erzählte. Er wollte, dass alle Menschen sich bessern und zum Guten umkehren sollten. Er erzählte vom Leben nach dem Tod und der Auferstehung. Er sagte auch, dass Gott die Sünden vergibt und auch Sünder liebt. Deshalb hat sich Jesus auch besonders um die Sünder und Benachteiligten gekümmert. Er sammelte viele Anhänger und zwölf von ihnen suchte er sich als Jünger aus. Sie folgten ihm überall hin. In Jerusalem wurde er im Alter von ca. 30-32 Jahren als politischer Aufwiegler zum Tode am Kreuz verurteilt. Dieses Urteil nahm er hin und starb, zeigte sich aber drei Tage später seinen Jüngern, um sie von der Auferstehung nach dem Tode zu überzeugen. Die Jünger zogen in die Welt und verkündeten die Lehre des Christentums.

Jesus vor seinen Jüngern

Die 10 Gebote, das Vaterunser und die Nächstenliebe

Da die Christen auch das Alte Testament befolgen, so wie es die gemeinsame Grundlage mit dem Judentum ist, befolgen sie als wichtigste Regeln die 10 Gebote, die Mose von Gott auf dem Berg Sinai beim Auszug aus Ägypten erhielt.
Das sind die 10 Gebote:
- Du sollst keinen anderen Gott neben mir haben.
- Du sollst den Namen deines Herrn in Ehre halten.
- Am siebten Tage sollst du ruhen und des Herrn gedenken.
- Du sollst deinen Vater und deine Mutter ehren.
- Du sollst nicht töten.
- Du sollst nicht begehren deines Nächsten Hab und Gut.
- Du sollst nicht Ehe brechen.
- Du sollst nicht stehlen.
- Du sollst nicht falsches Zeugnis gegen deinen Nächsten ablegen.
- Du sollst nicht begehren deines Nächsten Frau.

Besonders wichtig ist die Nächstenliebe! Das wichtigste Gebet der Christen ist das „Vaterunser".

2. Christentum

Aufgabe 1: Löse das Kreuzworträtsel, indem du die Aufgaben beantwortest und die Begriffe in die Kästchen einträgst! Die Buchstaben in den grauen Kästchen ergeben, in die richtige Reihenfolge gebracht, ein Lösungswort!

a) Auf welchem Kontinent nimmt die Zahl der Christen immer mehr zu?
b) Das ist eine der größten christlichen Gruppierungen. ____ Christen.
c) Was bedeutet übersetzt das Wort „Bücher"?
d) So heißt einer der beiden Titel der Bibel.
e) Von dieser Person erzählt das Neue Testament.
f) Wer gründete die ersten christlichen Gemeinden?

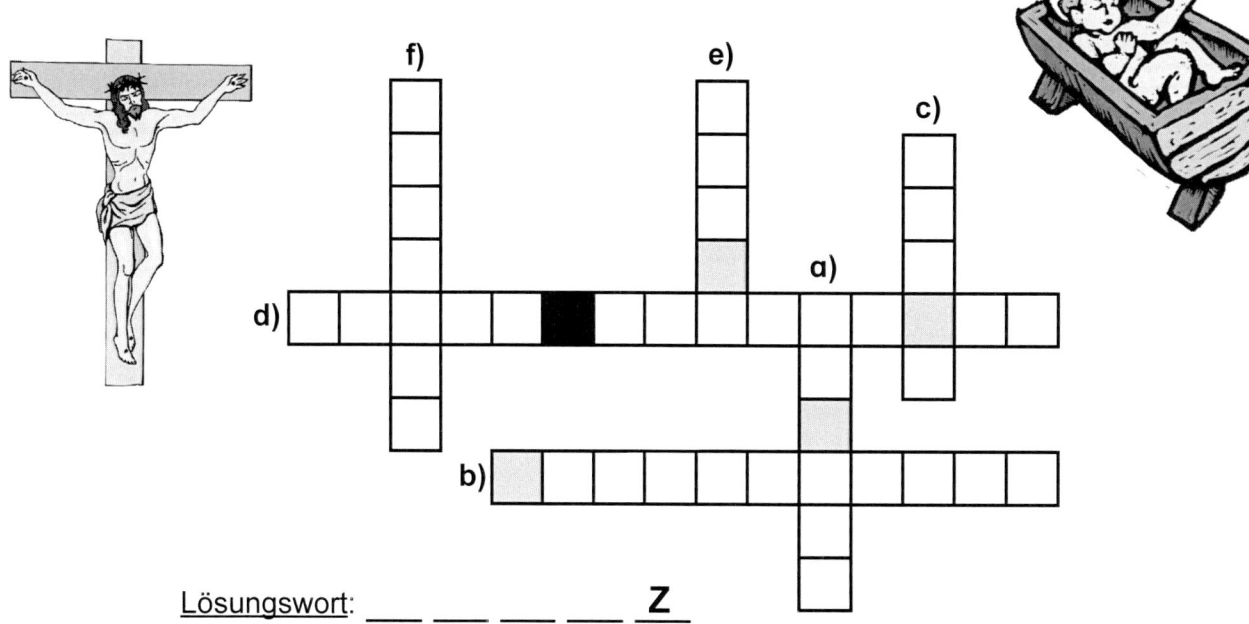

Lösungswort: __ __ __ __ Z

Aufgabe 2: Stelle mit den folgenden Stichwörtern einen kleinen Informationstext über Jesus zusammen!

Sohn Gottes
Maria
Josef
Lehrer
Himmelreich
Sünden
Apostel
Kreuz
Auferstehung

2. Christentum

Aufgabe 3: *Die Christen befolgen meist die 10 Gebote, die sie auch mit den Juden gemeinsam haben.*

EA

a) Findest du es sinnvoll, dass es solche Gebote gibt? Begründe deine Meinung!

_____
_____
_____

b) Suche dir ein Gebot aus, das du besonders gut findest. Erkläre, warum du dich dafür entschieden hast!

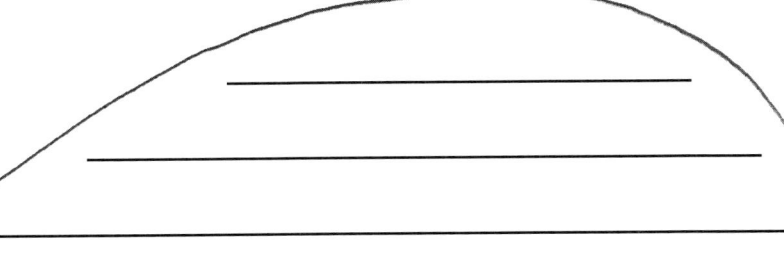

c) Was ist das wichtigste Gebet der Christen?

_____

PA

Aufgabe 4: *Schreibt das „Vaterunser" auf! Wenn ihr es nicht kennt, forscht im Gotteslob oder im Internet nach!*

2. Christentum

II. Feste

Weihnachten und Heilige Drei Könige

Das Weihnachtsfest erinnert an die Geburt Jesus. Maria und Josef, seine Eltern, waren unterwegs, um sich in Betlehem bei einer Volkszählung registrieren zu lassen. So kam es, dass Jesus in einem Stall geboren wurde, da alle Herbergen belegt waren.

Über dem Stall leuchtete ein Stern, der den Heiligen Drei Königen den Ort zeigte, wo der neue Heiland zu finden war. Denn schon vor Jesus Geburt wurde verkündet, dass ein Heiland die Welt erlösen würde. Das Weihnachtsfest findet am 25. und 26. Dezember statt, am 24. Dezember ist der Heilige Abend. Am 6. Januar findet das Dreikönigsfest statt zu Ehren der Heiligen Drei Könige (Caspar, Melchior und Balthasar).

Karfreitag, Ostern und Pfingsten

Am Karfreitag wurde Jesus gekreuzigt. Dieser Tag ist besonders traurig. Der Ostersonntag dagegen ist ein fröhlicher Tag, denn an diesem Tag ist Jesus von den Toten auferstanden und zeigte sich den Jüngern, bevor er in den Himmel auffuhr. Die Osterzeit endet mit dem Pfingstfest. Das ist das Fest des Heiligen Geistes, der an diesem Tag von Gott geschickt wurde, weil Gott auch weiterhin bei seinen Menschen ist un ihnen Glauben schenkt.

Die Sakramente

Die Sakramente sind je nach Konfession unterschiedlich. Evangelische Christen haben nur zwei Sakramente, die Taufe und das Abendmahl. Katholische Christen dagegen haben sieben Sakramente: die Taufe, die Firmung, die Eucharistie (Abendmahl), die Beichte, die Ehe, die Priesterweihe und die Krankensalbung. Die einzelnen Sakramente wie z.B. Taufe, Eheschließung oder das erste Abendmahl werden mit einem Fest gefeiert.

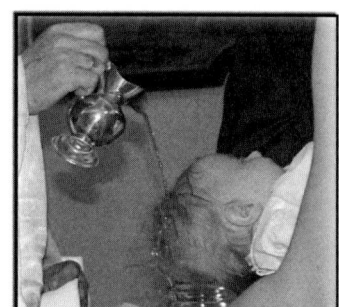

Die Taufe

 **Aufgabe 5:** *Weihnachten ist das schönste Fest vor allem für die Kinder der Christen. Es gibt Geschenke und einen Tannenbaum mit vielen Kerzen (oder Lichterketten). Viele Bräuche rund um Weihnachten und den Advent (die vier Wochen vor dem Weihnachtsfest) verschönern das Fest. Erforscht gemeinsam drei solcher Weihnachtsbräuche. Woher kommen sie? Und was wollen sie eigentlich sagen?*

2. Christentum

Aufgabe 6: Ordne die folgenden Begriffe in die Tabelle ein!

Weihnachten	Heilige Drei Könige	Ostern & Pfingsten	Die Sakramente

Aufgabe 7: Forsche nach, warum die evangelischen und katholischen Christen unterschiedliche Sakramente haben!

_____
_____
_____
_____

2. Christentum

III. Bräuche, Riten & Symbole

Den Glauben leben

Die Christen feiern ihren Gottesdienst in einer Kirche. Dabei sehen die Kirchen von katholischen und evangelischen Christen oft sehr unterschiedlich aus. Die katholischen Kirchen sind meist prunkvoller geschmückt und darin halten nur männliche Priester die Messe. In der katholischen Kirche dürfen nur Männer Priester, Bischöfe oder gar Papst (der weltliche Vertreter Gottes auf Erden, den nur die Katholiken haben) werden. Das ist bei den Protestanten (den evangelischen Christen) anders. Hier können auch Frauen das Amt des Pastors bekleiden. Christen gehen oft sonntags zum Gottesdienst, sie beten aber auch, wann immer und wo sie wollen.

Das christliche Symbol

Das christliche Symbol ist das Kreuz, das an Jesu Tod am Kreuz erinnern soll, gleichzeitig aber auch an seine Auferstehung.

Aufgabe 8: *Beantworte die folgenden Fragen in vollständigen Sätzen!*

EA

a) Worin besteht der Unterschied zwischen katholischen und evangelischen Christen?

_____

_____

_____

b) Wer ist der Papst?

_____

_____

c) Was sind Protestanten?

_____

2. Christentum

d) Wo beten die meisten Christen gemeinsam?

_____

e) Was bedeutet dieses Zeichen (rechts)?

_____

_____

_____

Aufgabe 9: Bildet aus den folgenden Begriffen einen Informationstext über den Papst!

PA

> Papst – römisch-katholische Kirche – Vatikan
> – Italien – Stellvertreter Jesu Christi
> – Bischof von Rom – Papstwahl

_____

_____

_____

_____

_____

Aufgabe 10: Suche im Fremdwörterlexikon nach der Bedeutung der folgenden Begriffe:

EA

Eucharistiefeier: _____

Liturgie: _____

3. Islam

I. Geschichte, Hintergrund, Glauben

- Allgemeine geschichtliche Hintergründe
- Gemeinschaft der Muslime
- Mohammed und seine Nachfolger
- Der Kalif
- Der Koran
- Die fünf Säulen des Islam

II. Feste

- Der Monat Ramadan
- Das Zuckerfest
- Das Opferfest
- Die persönlichen Feste: Geburt, Namensgebung, der erste Zahn, Beschneidung muslimischer Jungen

III. Bräuche, Riten & Symbole

- Den Glauben leben
- Pilgerfahrt nach Mekka zur Kaaba
- Das Verbot von Schweinefleisch
- Symbol

3. Islam

I. Geschichte, Hintergrund, Glauben

Allgemeine geschichtliche Hintergründe

Der Islam gründet sich auf Mohammed, dem im Jahre 610 n. Chr. der Engel Gabriel im Traum erklärte, Mohammed sei der Gesandte und Prophet Gottes. Mohammed verkündete, dass es nur einen Gott gibt und dass man ihm alle Hingabe schenken sollte. Der Islam ist überwiegend im Vorderen Orient, in Nordafrika, in Südostasien und in den Ländern Iran, Irak und Pakistan vertreten, aber auch überall auf der ganzen Welt, wo Muslime leben. Es gibt auf der Welt ungefähr eine Milliarde Muslime. Das Glaubenszeugnis des Islam wird mehrmals am Tag gesprochen: „Es gibt keinen Gott außer Gott, und Mohammed ist sein Prophet."

Die Gemeinschaft der Muslime

Alle Angehörigen des Islam nennen sich Muslime. Aber auch im Islam gibt es verschiedene Glaubensrichtungen. Die größte Gemeinschaft ist die Gruppe der Sunniten. Eine kleinere Gruppe nennt sich die Schiiten. Die Schiiten erkannten nicht den Kalifen als geistigen Führer an, sondern sie hielten die Imame als unfehlbar. Es entstand direkt nach Mohammeds Tod diese Abspaltung, die bis heute fortbesteht.

Betende Muslime

Es gibt heute auch Muslime, die sogenannten Fundamentalisten, die auch in der heutigen modernen Zeit mit Gewalt dafür kämpfen, dass das alte frühislamische Gesellschaftssystem wieder eingesetzt wird.

Mohammed und seine Nachfolger

Mohammed hieß mit bürgerlichem Namen Abul Kasim Muhammad Ibn Abdallah. Er wurde 570 n. Chr. in Mekka in Saudi-Arabien geboren. Schon früh wurde er Waise (er verlor seine Eltern) und er wuchs bei seinem Onkel auf. Als er 18 Jahre alt war, ging er bei einer sehr reichen Geschäftsfrau als Kaufmann in die Lehre. Diese Frau heiratete er später. Mohammed betete oft und er war ein gläubiger Mensch. Als er 40 Jahre alt war, erschien ihm der Engel Gabriel, der ihm mitteilte: „Du bist der Gesandte Gottes." Mohammed bekam von Gott folgenden Auftrag: „Du musst die Menschen ermahnen, nicht mehr zu betrügen. Die Armen dürfen nicht vergessen werden, um sie sollen sich die Menschen kümmern." Da Mohammed mit dieser Offenbarung in Mekka auf taube Ohren stieß, wanderte er mit seinen Anhängern in das benachbarte Medina und predigte dort. Er war dort schnell sehr erfolgreich und er marschierte schließlich mit seinen Anhängern im Jahre 630 n. Chr. nach Mekka und unterwarf seine ehemalige Heimatstadt mit Waffengewalt. Ab jetzt verbreitete sich die neue Lehre im ganzen Vorderen Orient. Als Mohammed im Jahre 632 starb, wurde Abn Bekr sein Nachfolger.

3. Islam

Der Kalif

Das Wort „Kalif" bedeutet Nachfolger. Nach Abu Bekr folgten in den nächsten Jahrhunderten meistens die Söhne oder Verwandte der scheidenden Kalife. Oftmals gab es blutige Kriege um die Nachfolge des Kalifen. Erst im 17. Jahrhundert endete die Herrschaft der Kalifen.

Der Koran

Der Koran ist das heilige Buch der Muslime. Alle Weisungen, die Mohammed fast 20 Jahre lang von Gott erhielt, sind dort aufgeschrieben. Abu Bekr, der Freund und Nachfolger Mohammeds, gab den Schreibern nach dem Tod Mohammeds den Auftrag, alle Weisungen, die Mohammed von Gott erhalten hatte, aufzuschreiben. Da die Schreiber nicht wussten, in welcher Reihenfolge Mohammed seine Offenbarungen erhielt, wurden die einzelnen Abschnitte, die Suren, einfach ihrer Länge nach geordnet. Die 1. Sure ist die sogenannte Fatiha, die Eröffnungssure.

Der Koran gibt Regeln zu den religiösen Pflichten und zum häuslichen Leben. Er regelt Eheschließungen, Scheidungen und die Kriegsführung, was vor allem den Dschihad betrifft. Darin wird die Verteidigung des Islams mit Waffengewalt geregelt. Heutzutage gehen viele muslimische Kinder auch in europäischen Ländern auf eine Koranschule. Dort lernen sie in der Regel einmal wöchentlich die Texte des Korans auf arabisch zu lesen und auswendig zu lernen.

Die fünf Säulen des Islam

Das System des Islam beruht auf der Grundlage der berühmten *Fünf Säulen*:

1. Shahada: ... ist das Glaubensbekenntnis, das die Zugehörigkeit zum Islam bescheinigt und dass es keinen Gott außer Gott gibt und Mohammed sein Prophet sei.

2. Salat: ... ist das Gebet, das fünfmal am Tag als Zeichen der Verbindung zu Allah mit dem Gesicht nach Mekka gewandt gebetet wird.

3. Zakat: ... ist das Almosen für die Armen. Das ist fast eine Pflichtsteuer, die jeder gläubige Muslim entrichtet.

4. Saum: ... ist das alljährliche Fasten im Monat Ramadan.

5. Hadsch: ... nennt man die Wallfahrt nach Mekka, die jeder Muslim einmal im Leben machen sollte. Dort umrundet er siebenmal die Kaaba.

Pilger in Mekka

3. Islam

Aufgabe 1: *Wie lautet der große Glaubensgrundsatz des Islam?*

_____

_____

Aufgabe 2: *Markiere auf der Karte die Länder, in denen überwiegend der Islam verbreitet ist!*

Aufgabe 3: *Was erklärte der Engel Gabriel dem 40-jährigen Mohammed?*

_____

_____

3. Islam

Aufgabe 4: *Beantworte die folgenden Fragen mit einem Wort. Die Buchstaben in den Kästchen ergeben, in die richtige Reihenfolge gebracht, ein Lösungswort!*

a) Wie nennen sich alle Angehörigen des Islam? ☐ _ _ _ _ _

b) Welche ist die größte Gemeinschaft bei den islamischen Glaubensrichtungen? ☐ _ _ _ _ _ _

c) Welche Gruppe hielt die Imame für unfehlbar? _ ☐ _ _ _ _ _ _

d) Welches Gesellschaftssystem wollen die Fundamentalisten wieder einführen? _ _ _ ☐ _ _ _ _ _ _ _ _ _

e) Wo wuchs Mohammed nach dem Tod seiner Eltern auf? ☐ _ _ _ _

f) Wie alt war Mohammed, als ihm der Engel Gabriel erschien (Schreibe als Wort!)? _ _ ☐ _ _ _ _

g) In welche Stadt wanderte Mohammed aus, als er in Mekka bei den Menschen kein Gehör fand? _ ☐ _ _ _ _

Lösungswort: ☐☐☐☐☐☐

Aufgabe 5: *Was bedeutet der Begriff „Kalif"? Erkläre mit deinen eigenen Worten!*

_____
_____
_____
_____
_____

3. Islam

Aufgabe 6: Bildet aus den folgenden Stichworten einen sinnvollen Text zum Thema Koran!

> heiliges Buch – Abu Bekr – Suren – Offenbarungen – Dschihad – Länge – Fatiha – religiöse Pflichten

Aufgabe 7: Die fünf Säulen des Islam beinhalten die Regel „Zakat". Damit ist das Almosen für die Armen gemeint. Wie findet ihr diese Regel? Ist sie in euren Augen sinnvoll? Sollten sich vielleicht sogar Nicht-Muslime so verhalten? Nehmt Stellung und begründet eure Meinungen!

3. Islam

 **Aufgabe 8:** Unten siehst du eine Abbildung für die fünf Säulen des Islam.
Ordne den Beschriftungen kurze Erklärungen zu!

EA

Shahada: _____
_____

Salat: _____
_____

Zakat: _____
_____

Hadsch: _____
_____

Saum: _____
_____

3. Islam

II. Feste

Ramadan-Fest

Das Ramadan-Fest ist ein Fastenfest. Das Fest findet im Monat Ramadan statt. Im christlichen Kalender verschiebt sich der Ramadan jedes Jahr um einige Tage. Kranke und Alte fasten nicht, andere essen und trinken von Sonnenaufgang bis Sonnenuntergang nichts. Kinder versuchen auch zu fasten oder sie verzichten auf Süßigkeiten. Am Ende des Tages treffen sich alle Verwandten und Freunde, um nach Sonnenuntergang miteinander zu essen und zu trinken.

Betender Muslime

Das Zuckerfest

Am Ende des Monats Ramadan wird dann das Zuckerfest gefeiert. Es ist das Fest des Fastenbrechens und geht über drei Tage. Am ersten Tag gibt es zum ersten Mal wieder ein Frühstück nach der langen Fastenzeit. Während der drei Tage besuchen sich die Familien und es gibt Geschenke.

Das Opferfest

Das Opferfest dauert vier Tage und erinnert daran, dass Ibrahim Gott vertraut, weil er seinen Sohn Ismail opfern wollte. Stattdessen ließ Gott ihn einen Widder opfern. Als Zeichen dafür schlachten Muslime ein Tier, meist ein Schaf, und verteilen das Fleisch gleichmäßig unter den Nachbarn, Armen und ihrer Familie. Aus dem Drittel für die Familie wird ein Festessen zubereitet.

Die persönlichen Feste

- **Geburt:** Kurz nach der Geburt flüstert der muslimische Vater seinem Kind den Gebetsruf ins rechte Ohr und das Glaubensbekenntnis ins linke Ohr.

- **Namensgebung:** Eine Woche nach der Geburt erhält das Kind seinen Namen.

- **Der erste Zahn:** Wenn das Kind seinen ersten Zahn hat, wird ein Fest gefeiert. Derjenige, der den Zahn entdeckte, schenkt dem Kind etwas.

- **Die Beschneidung muslimischer Jungen:** Die Beschneidung wird zwei Tage lang gefeiert. Dabei wird die Vorhaut des Gliedes abgeschnitten, das wird bei allen muslimischen Männern vorgenommen. Der frisch beschnittene Junge bekommt viele Geschenke und Besuch von Freunden und Verwandten.

3. Islam

Aufgabe 9: *Kreuze nur die richtigen Aussagen an. Die Silben hinter den angekreuzten Aussagen ergeben, in die richtige Reihenfolge gebracht, einen Lösungssatz!*

a) ☐ Die Beschneidung der Jungen wird zwei Tage lang gefeiert. `fest`

b) ☐ Dieses Fest findet im Monat Ramadan statt. `ist`

c) ☐ Kranke und Alte fasten nicht. `ma`

d) ☐ Nach Sonnenuntergang wird auch nichts gegessen. `der`

e) ☐ Ein Zuckerfest wird nicht gefeiert. `nat`

f) ☐ Das Zuckerfest ist das Fest des Fastenbrechens. `Das`

g) ☐ Am Ende des Monats Ramadan wird das Zuckerfest gefeiert. `ein`

h) ☐ Das Zuckerfest dauert drei Tage. `Ra`

i) ☐ Ibrahim durfte statt seines Sohnes einen Widder opfern. `gro`

j) ☐ Das Opferfest dauert sieben Tage. `wid`

k) ☐ Ismail war der Sohn Ibrahims. `fest`

l) ☐ Als Zeichen der Güte Gottes schlachten Muslime ein Schaf. `ßes`

m) ☐ Am ersten Tag des Zuckerfestes gibt es ein Frühstück. `dan`

n) ☐ Der Vater flüstert seinem Kind den Gebetsruf ins Ohr. `Fa`

o) ☐ Zwei Wochen nach der Geburt erhält das Kind seinen Namen. `kein`

p) ☐ Der erste Zahn eines Kindes wird mit einem Fest gefeiert. `sten`

Lösungssatz: _____

_____

_____

Seite 36

3. Islam

III. Bräuche, Riten & Symbole

Den Glauben leben

Muslime beten auch in dafür vorgesehenen Häusern, sogenannten Moscheen. Moscheen sind meist sehr prachtvolle Bauten. Zur Zeit Mohammeds baute man noch keine so prachtvollen Moscheen, das wurde erst später Tradition. Die Moschee hat meist eine Kuppel und einen hohen Turm. Diesen Turm nennt man Minarett. Auf ihm steht der Muezzin und ruft fünfmal täglich zum Gebet. Die Muslime knien sich dabei in Richtung Mekka. Bei diesen Gebeten auf den Gebetsteppichen ist der Imam der Vorbeter. In der Moschee sind Männer und Frauen in getrennten Bereichen. Außerdem tragen muslimische Frauen auch heute noch oft ein Kopftuch, das die Haare verbirgt.

Pilgerfahrt nach Mekka

Eine der Grundlagen des Islams ist die Wallfahrt nach Mekka. In der Stadt Mekka, die früher eine bedeutende Handelsstadt war, steht die Kaaba. Das ist ein muslimisches Heiligtum, in dem ein schwarzer Stein, ein Meteorit, eingemauert ist. Um zu zeigen, dass vor Allah alle Gläubigen gleich sind, pilgern sie in weißen Kleidern um zu verhindern, dass durch die Wahl der Kleidung schon zwischen arm und reich unterschieden werden könnte. Sind die Pilger dort, gehen sie siebenmal um die Kaaba herum und beten.

Der schwarze Stein

Das Verbot von Schweinefleisch

Eine weitere Besonderheit ist das Verbot von Schweinefleisch. Muslime essen es nicht, da das Schwein als unreines Tier gilt und früher oft Krankheiten übertrug. Deshalb wurde in früherer Zeit das Essen von Schweinefleisch verboten. Die Muslime halten sich noch heute an dieses Verbot.

Das Symbol des Islam

Im Islam hat das Symbol bis zur heutigen Zeit mehrmals gewechselt. Früher war der arabische Schriftzug „Allah" (Gott) und die Sichel des Neumondes (Halbmondes) das Symbol. Neben diesen Symbolen kann auch heute das Kopftuch, das einige muslimische Frauen tragen, als Erkennungsmerkmal dienen.

3. Islam

Aufgabe 10: *Beantworte die folgenden Fragen mit deinen eigenen Worten!*

EA

a) Was ist eine Moschee?

_____

b) Was ist ein Minarett?

_____

c) Welche Aufgabe hat ein Muezzin?

_____

d) Wo ist der Imam der Vorbeter?

_____

e) In welche Richtung knien alle Betenden?

_____

f) Wo steht die Kaaba?

_____

g) Was liegt in der Kaaba?

_____

h) Warum tragen alle Pilger weiße Kleider?

_____

_____

i) Warum essen Muslime kein Schweinefleisch?

_____

_____

j) Wie heißt das arabische Wort für Gott? _____

4. Hinduismus

I. Geschichte, Hintergrund, Glauben

- Allgemeine Informationen
- Die verschiedenen Richtungen
- Die Götter & Avataras
- Die Schriften
- Die Kasten
- Die Wiedergeburt

II. Feste

- Diwali
- Holi
- Geburt
- Übergabe der heiligen Schnur

III. Bräuche, Riten & Symbole

- Pujas = Andachten
- Die fünf wichtigen hinduistischen Regeln: Wahrheit, Sauberkeit, Sinneskontrolle, nicht stehlen, nicht töten/verletzen
- Verehrung der Kuh
- Bad im Ganges
- Symbol = die Silbe Aum

4. Hinduismus

I. Geschichte, Hintergrund, Glauben

Allgemeine geschichtliche Hintergründe

Der Hinduismus ist die drittgrößte Religion der Welt. Diese Religion mit ungefähr 750 Millionen Anhängern hat ihren Ursprung in Indien. Die Hindus, so nennt man die Anhänger dieser Religion, verstehen den Hinduismus als eine besondere Lebensart. Wichtig für den Hinduismus sind die Veden, das sind die ältesten heiligen Schriften.

Die verschiedenen Richtungen

Der Hinduismus hat viele verschiedene Richtungen und Ansichten. So glauben einige Hindus, es wäre verboten, Bilder anzubeten. Andere dagegen beten nur vor Bildern. Hindus, die z.B. den Gott Vishnu anbeten, sind sich auch nicht einig. Sogar hier gibt es zwei verschiedene Glaubensrichtungen. Beim sogenannten Affenweg sollte der Mensch etwas dazu beitragen, um erlöst zu werden. So wie das Affenbaby sich an seine Mutter festklammern muss. Beim sogenannten Katzenweg nimmt die Mutter das Katzenbaby zwischen ihre Zähne, ohne dass sich das Katzenbaby selbst festhalten muss. Die Anhänger des Katzenweges warten auf ihr Heil, ohne etwas dafür zu tun.

Die Götter & Avataras

Die Hindus glauben, dass die Welt eine Seele hat, die der wichtigste Geist ist, der über allem steht. Sie verehren drei verschiedene Götter. Brahma, der Gott, der die Welt geschaffen hat; Vishnu, der Gott, der die Welt erhält und Shiva, der Gott, der die Welt zerstören möchte. Aber fast alle Hindus verehren nur einen der drei Götter. Andere Hindus glauben sogar an die Kraft von Bäumen und Steinen. So vielfältig der Hinduismus auch ist, ein Satz vereint fast alle: „Gott lebt in jedem von uns." Das ist auch der wichtigste Sinn, den die Lehrer, die sogenannten Gurus, verbreiten. Viele Hindus glauben auch an Avataras, das sind herabgestiegene Götter wie z.B. der elefantenköpfige Ganesha. Das soll der Sohn Shivas und seiner Frau Parvati sein.

Die heiligen Schriften

Die heiligen hinduistischen Schriften heißen Veden. Sie galten früher als geheim. Heute sind sie allen zugänglich.

4. Hinduismus

Das Kastensystem

Hindus leben in einem Kastensystem. Es gibt vier verschiedene Kasten. Eine Kaste gibt an, wie angesehen ein Mensch in der Gesellschaft ist. Die oberste Kaste ist die der Brahmanen. Diese waren früher oft Politiker, Priester und Gelehrte. Direkt unter den Brahmanen kommen die Kasten der Kohatrigas, Vaishyas und die Shudras. Die unberührbaren Adivasi sind kastenlos und am wenigsten geachtet. Durch Mahatma Gandhi wurde das Kastensystem offiziell abgeschafft.

Die Wiedergeburt

Hindus glauben an die Wiedergeburt, das heißt Reinkarnation. Jeder Mensch soll nach seinem weltlichen Tod wiedergeboren werden – nicht ausschließlich wieder als Mensch, sondern auch als Pflanze, Baum oder Tier. Das Bestreben eines jeden Hindus ist es allerdings, irgendwann aus diesem Kreislauf aussteigen zu können. Dies erreicht man nur, wenn die Lebensziele erlangt werden: Wohlstand, Religion und Gesetz, Leistung und Leidenschaft und letztendlich die Erlösung.

Aufgabe 1: *Stell dir vor, du sollst einer Person erklären, an was die Hinduisten glauben. Das sollst du mit möglichst einfachen Worten tun. Schreibe in der wörtlichen Rede!*

EA

4. Hinduismus

Aufgabe 2: *Fülle in den folgenden Lückentext die passenden Begriffe ein! Wenn du nicht weiter weißt, lies noch einmal im Lesetext nach!*

Der Hinduismus ist die _____ größte Religion der Welt. Sie zählt ungefähr

_____ Gläubige. Die meisten Hindus leben in _____ .

Der Hinduismus ist keine Religion in unserem Sinne, sondern er ist eine besondere

_____ . Die ältesten heiligen Schriften nennt man _____ . Es

gibt Hindus, die glauben, dass es verboten ist, _____ anzubeten. Andere

beten nur vor Bildern. Auch bei der Anbetung des

Gottes _____ gibt es zwei verschiedene

_____ . Beim soge-

nannten _____ sollte der Mensch

etwas dazu beitragen, erlöst zu werden. Beim

_____ warten die Anhänger des

Betender Hindu

Hinduismus auf ihr Heil, ohne etwas dafür zu tun.

Die Hindus glauben, dass die Welt eine _____ hat, den wichtigsten Geist. Sie

verehren _____ verschiedene Götter. _____, den Gott, der die Welt

erschaffen hat, _____, den Gott, der die Welt erhält und _____,

den Gott, der die Welt zerstören möchte. Andere glauben sogar an die Kraft von

_____ und _____ . Ein Satz vereint aber alle: „Gott _____

_____ ." Dies lehren auch die _____ .

Aufgabe 3: *Erkläre, wer Ganesha ist!*

_____

_____

4. Hinduismus

Aufgabe 4: *Beantworte die folgenden Fragen in vollständigen Sätzen!*

EA

a) Wie heißt die drittgrößte Religion der Welt?

b) Wo leben die meisten Hindus?

c) Wie nennt man die ältesten heiligen Schriften?

d) Wie viele große Glaubensrichtungen gibt es beim Gott Vishnu?

e) Was bedeutet der Begriff „Affenweg"?

f) Was bedeutet der Begriff „Katzenweg"?

g) Wie heißen die drei verschiedenen Götter?

h) Wie heißt der Satz, der alle Hindus vereint?

i) Was sind Avataras?

4. Hinduismus

Aufgabe 5: *Die Satzteile unten sind durcheinandergeraten. Bildet sinnvolle Sätze und ordnet sie den richtigen Bereichen in der Tabelle zu!*

Die Gottheiten	Alte Schriften	Wiedergeburt	Kastensystem

4. Hinduismus

II. Die wichtigsten hinduistischen Feste

Diwali

Diwali ist ein Lichterfest, das im Herbst stattfindet. In den Häusern und Tempeln werden viele Lampen angezündet und es wird ein Feuerwerk veranstaltet. Das alles findet zu Ehren der Göttin Lakshmi, der Frau Vishnus, statt. Sie wird von Kaufleuten verehrt. An diesem Fest denkt man an den Sieg des Guten über das Böse.

Für Diwali geschmückter Tisch

Holi

Das Fest Holi wird im Frühling zu Ehren von Krishna gefeiert. Alle tragen weiße Kleidung. Die Menschen beschmieren sich gegenseitig mit Farbe. Das Besondere hierbei ist, dass keine Rücksicht auf die Kasten (alle gesellschaftlichen Schichten) genommen wird, sondern alle sind fröhlich und feiern.

Das Fest zur Geburt

Wird ein Kind geboren, darf die Mutter in den ersten sechs Tagen nur von Frauen besucht werden. Nach sechs Tagen erhalten die Mutter und das Kind einen gelben Fleck auf die Stirn. Das macht eine Frau, die in Zukunft so etwas wie eine Patentante ist. Sie übernimmt alle Sorgen des Kindes. Nach elf Tagen erhält das Kind seinen Namen.

Die Übergabe der heiligen Schnur

Wenn ein Junge elf Jahre alt wird, bekommt er die sogenannte „heilige Schnur". Nun ist er kein Kind mehr und nach der dreitägigen Feier nur noch mit seinem Vater zusammen. Ab jetzt wird er von einem Guru (Lehrer) in den alten Texten unterrichtet.

EA

Aufgabe 6: *Die Hindus verwenden am Diwali-Fest jede Menge Lichter und Lampen. Das Fest steht im Zeichen des Sieges des Guten über das Böse. Welche Bedeutung hat es wohl, wenn man zu einem solchen Fest Lichter und Lampen verwendet? Stelle Vermutungen an und finde deine persönliche begründete Erklärung! Schreibe in dein Heft/in deinen Ordner!*

4. Hinduismus

Aufgabe 7: *Richtig oder falsch? Kreuze an!*

EA

     richtig falsch

a) ☐ ☐ Diwali ist ein Fest zu Ehren des Gottes Vishnu.

b) ☐ ☐ In den Häusern werden beim Lichterfest alle Lichter gelöscht.

c) ☐ ☐ Die Göttin Lakeshui ist die Frau Vishnus.

d) ☐ ☐ Bei dem Lichterfest denkt man an den Sieg des Guten über das Böse.

e) ☐ ☐ Das Diwali-Fest findet im Frühling statt.

f) ☐ ☐ Das Fest Hali wird im Herbst gefeiert.

g) ☐ ☐ Bei diesem Fest wird Krishma gefeiert.

h) ☐ ☐ Alle Menschen reiben sich mit Erde ein.

i) ☐ ☐ Wenn ein Kind geboren wird, dürfen nur Männer die Mütter berühren.

j) ☐ ☐ In den ersten sechs Tagen dürfen nur Frauen die Mütter besuchen.

k) ☐ ☐ Nach neun Tagen erhält das Kind seinen Namen.

l) ☐ ☐ Ein Priester malt der Mutter und dem Kind einen gelben Fleck auf die Stirn.

m) ☐ ☐ Wenn ein Junge elf Jahre alt wird, bekommt er die „heilige Schnur".

n) ☐ ☐ Ab jetzt ist er nur noch mit seiner Mutter zusammen.

o) ☐ ☐ Er wird jetzt von einem Lehrer in den alten Texten unterrichtet.

Göttin Shiva

Aufgabe 8: *Erläutert mit euren eigenen Worten die Bedeutung des Lichterfestes Diwali! Haltet euer gemeinsames Ergebnis in euren Heften/Ordnern fest!*

GA

4. Hinduismus

III. Bräuche, Riten & Symbole

Pujas

Pujas heißen die hinduistischen Andachten. Reiche Hindus haben einen separaten Andachtsraum in ihren Häusern, Arme dagegen oft nur eine Ecke im Zimmer. Vor Bildern werden oft Gaben niederlegt. So z.B. verschiedene Speisen und Blumen. Vor den Bildern wird gebetet.

Die fünf wichtigen Regeln

Der Hinduismus hat fünf wichtige Regeln:

- Wahrheit
- Sinneskontrolle
- Sauberkeit
- nicht stehlen
- niemanden töten oder verletzen

Die Verehrung der Kuh

Hindus behandeln Pflanzen und Tiere gut. Da Krishna, den die Hindus verehren, lange als Kuhhirte gelebt hat, werden Kühe als besonders heilig geachtet. Denn alles von der Kuh ist heilig, da wir alle Dinge von ihr brauchen. Milch und Butter zum Essen, Kot und Urin zum Düngen. Eine Kuh zu töten oder deren Fleisch zu essen ist eine Sünde. Deshalb gibt es z.B. die Kuhfeier, bei der die schönste Kuh zu einem geschmückten Altar gebracht wird und rotes Pulver auf die Stirn und das Hinterteil gestreut bekommt. Das übrige Pulver wird für die Stirntupfer verwendet.

Das Bad im Ganges

Die kleine Stadt Varanasi im Norden Indiens ist die wichtigste Stadt für Hindus. Dort wollen alle Hindus einmal im Fluss Ganges, „der Mutter Ganga", baden. Es werden schöne Lichterschiffchen geopfert. Viele Hindus wollen auch in Varanasi sterben, da von dort der Weg zu den Göttern besonders einfach sein soll.

Die Silbe Aum

Die Silbe Aum symbolisiert die folgenden drei Teile: die körperliche, die geistige und die unbewusste Welt.

4. Hinduismus

Aufgabe 9: Reiche Hindus haben einen speziellen Andachtsraum für ihre Pujas in ihren Häusern. Arme dagegen oft nur eine Ecke in einem Zimmer. Hast du auch eine eigene Stelle, an der du zu deinem Gott sprichst?

EA

Aufgabe 10: Was hältst du von der hinduistischen Regel der Wahrheit? Ist es wichtig und richtig, immer die Wahrheit zu sagen? Begründe deine Meinung!

EA

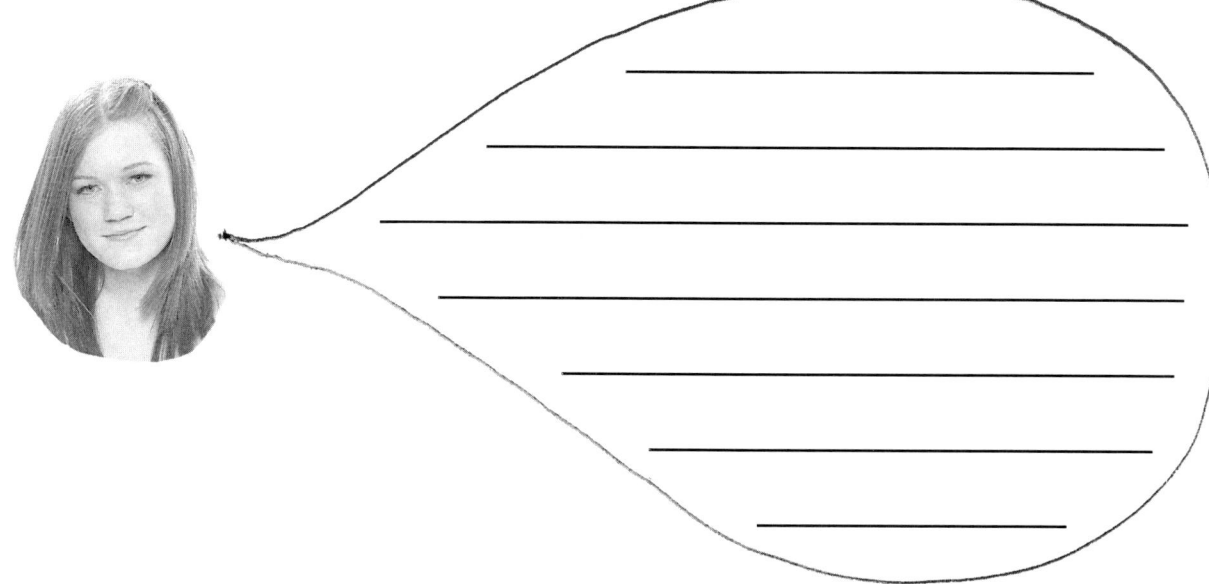

Aufgabe 11: Warum ist die Kuh für die Hindus besonders heilig? Begründet!

PA

Seite 48

4. Hinduismus

Aufgabe 12: Wieso ist die Stadt Varanasi für Hindus so besonders wichtig? Erklärt!

Aufgabe 13: Löse das Kreuzworträtsel, indem du die Aufgaben beantwortest und die Begriffe in die Kästchen einträgst! Die Buchstaben in den grauen Kästchen ergeben, in die richtige Reihenfolge gebracht, ein Lösungswort!

a) Wie heißen die hinduistischen Andachten?
b) Was wird oft als Gabe verwendet?
c) Eine der fünf wichtigen Regeln der Hindus?
d) Welche Tiere werden als besonders heilig erachtet?
e) Wie heißt der Fluss, in dem alle Hindus einmal baden wollen?
f) Was wird am Ganges oft geopfert?
g) Welche Silbe ist ein Symbol für den Hinduismus?

Ü = UE

Lösungswort: _ _ _ _ _ _ _

5. Buddhismus

I. Geschichte, Hintergrund, Glauben

- Allgemeine Informationen
- Die Gemeinschaft der Buddhisten
- Das Vorbild Buddha
- Die Erkenntnis & Das Nirvana
- Das heilige Buch
- Der Dalai Lama

II. Feste

- Ende der Regenzeit
- Das Wesak-Fest
- Esala Perahera

III. Bräuche, Riten & Symbole

- Den Glauben leben
- Regeln & Gebote
- Das Klosterleben der Jungen
- Symbol: Rad der Lehre
  (Die Speichen bedeuten wichtige Regeln auf dem Weg zur Erkenntnis.)

5. Buddhismus

I. Geschichte, Hintergrund, Glauben

Allgemeine geschichtliche Hintergründe

Der Buddhismus ist zumeist in asiatischen Ländern vertreten. So z.B. in Sri Lanka, Laos, Thailand, Kambodscha, China, Nepal, Korea, Tibet, in der Mongolei und in Japan. Ungefähr 500 Millionen Menschen gehören weltweit zum Buddhismus. Die Gemeinschaft der Buddhisten nennt sich Sangha. Ihr großes Vorbild ist Buddha. Buddha ist kein Gott, sondern ein Ehrenname. Es bedeutet „der Erwachte", weil er zu besonders tollen Erkenntnissen kam.

Buddha

Das Vorbild Buddha

Buddha gilt als wirklicher Mensch, der vor ca. 2500 Jahren im heutigen Nepal gelebt hat. Dort wurde er als Sohn eines indischen Kleinkönigs geboren und hieß Siddhartha Gautama. Doch bis es zu seiner Geburt kam, soll er folgenden Weg zurückgelegt haben: Buddha soll sich zuerst im Tushita-Himmel aufgehalten haben, von wo er als weißer Elefant auf die Erde kam. Der weiße Elefant gilt auch heute noch als Zeichen für Würde und Weisheit. Als weißer Elefant geht Buddha in den Leib seiner Mutter Maya. Er wird als Kind mit dem Namen Siddhartha Gautama geboren. Schon damals sagten Brahmanen-Priester voraus, dass

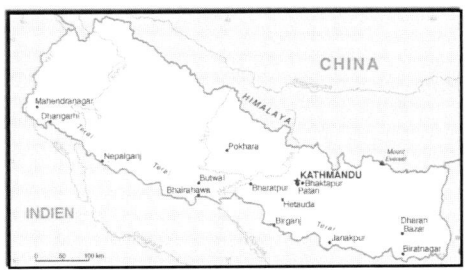

er ein großer König sein würde und der altehrwürdige Asita sagte, er würde ein Buddha sein. Da Siddhartha Gautama ein Kind königlicher Eltern war, wuchs er wohlbehütet und ohne jedes Elend auf. Mit dem Elend kam er erstmals in Berührung, als er mit dem Pferdewagen Ausfahrten außerhalb des Palastes unternahm. Während der vier Ausfahrten begegneten ihm ein abgemagerter Greis, ein Schwerkranker, ein toter Mensch und ein Bettelmönch. Der Bettelmönch beeindruckte ihn besonders, denn er war freundlich zu allen, ohne Hass, und er dachte an das Heil der anderen Menschen. Schließlich wurde er selbst Bettelmönch und lebte nach strengen Regeln.

Die Erkenntnis und das Nirwana

Buddha wurde er in der sogenannten „heiligen Nacht". Als er unter einem Feigenbaum saß, bekam er die Erkenntnis, dass die Menschen mit der Gewalt aufhören müssten. Alle überflüssigen Wünsche sollten die Menschen über Bord werfen, denn nur dann würden sie ins Nirwana gelangen. Dazu braucht man ein gutes Karma, damit sind die guten und selbstlosen Taten gemeint, die in das „Reich ohne Leiden" (Nirwana) führen würden. Die Buddhisten glauben, dass man immer wieder geboren wird. Erst wenn man das „Reich ohne Leiden" erreicht hat, verlässt man den Kreislauf des Lebens (Samsara) und wird nicht mehr wiedergeboren.

5. Buddhismus

Das heilige Buch

Das heilige Buch der Buddhisten nennt man den Dreikorb (Tripitaka). Dreikorb deshalb, weil in drei Körben diese Schriften gesammelt wurden: Im 1. Korb waren Regeln für Mönche und Normen, im 2. Korb Erzählungen über das Leben Buddhas und seine Predigten und im 3. Korb die Schriften über die Lehre.

Der Dalai Lama

Seit 1935 ist Tenzin Gyatso der XIV. Dalai Lama. Stirbt er, wird ein neuer Dalai Lama kommen. Dalai Lama bedeutet eigentlich Lehrer, dessen Weisheit so groß ist wie der Ozean.
Der XIV. Dalai Lama war das weltliche Oberhaupt von Tibet, bis die Chinesen in das Land einmarschierten. Dann floh der Dalai Lama und gründete in Nordindien eine Exilregierung. Der Dalai Lama ist Weisheitslehrer, Friedenskämpfer und der Sprecher der buddhistischen Welt. Er reist oft durch die ganze Welt und setzt sich für den Frieden ein.

Aufgabe 1: *Die folgenden Stichpunkte symbolisieren die Stationen im Lebensweg des Siddhartha Gautama. Fülle den Kasten mit den entsprechenden Angaben!*

EA

Tushita-Himmel: _____

Geburt: _____

behütete Kindheit: _____

Ausfahrten: _____

Bettelmönch: _____

heilige Nacht: _____

5. Buddhismus

Aufgabe 2: *Fülle in den folgenden Lückentext die passenden Begriffe ein! Wenn du nicht weiter weißt, lies noch einmal im Lesetext nach!*

Der Buddhismus ist meist in _____ Ländern vertreten. Zum Beispiel in _____ , _____ und _____ . Die Gemeinschaft der Buddhisten nennt sich _____ . Ihr großes Vorbild ist _____ . Buddha ist kein Gott, sondern ein _____ . Es bedeutet der _____ . Buddha gilt als wirklicher Mensch, der vor ca. _____ Jahren im heutigen _____ lebte. Dort wurde er als Sohn eines indischen _____ geboren. Seine Eltern gaben ihm den Namen _____ . Doch bis zu seiner Geburt soll er folgenden Weg zurückgelegt haben: Buddha soll sich zuerst im _____ _____ aufgehalten haben. Dann kam er als _____ auf die Erde. Der weiße Elefant gilt auch heute noch als Zeichen für _____ und _____ . Buddhas Mutter hieß _____ . Bei Buddhas Geburt sagten seine Brahmanen-Priester voraus, dass er ein großer _____ werden würde. Der altehrwürdige _____ sagte, er würde ein Buddha sein.

Weltzentrum des Buddhismus

Aufgabe 3: *Das heilige Buch der Buddhisten – was gehört in die drei Körbe? Lies im Infotext nach!*

a) _____   b) _____   c) _____

Seite 53

5. Buddhismus

Aufgabe 4: *Besorge dir (z.B. im Internet) ein Bild des aktuellen Dalai Lama, klebe es in das Kästchen und fülle den Steckbrief aus!*

```
┌─────────────────────────────────────────────────────────┐
│                                                         │
│   ┌───────────┐    Geboren im Jahre: _____   │
│   │           │                                         │
│   │  Bild des │    Bürgerlicher Name: _____   │
│   │ aktuellen │    _____ │
│   │Dalai Lama.│                                         │
│   │           │    Wievielter Dalai Lama: _____   │
│   │           │                                         │
│   └───────────┘    Ursprüngliche Aufgabe: _____   │
│                    _____ │
│                                                         │
│   Heutige Aufgabe: _____│
│   _____  │
│                                                         │
│   Dalai Lama bedeutet: _____│
└─────────────────────────────────────────────────────────┘
```

Aufgabe 5: *Ordne den Begriffen die richtigen Erklärungen zu!*

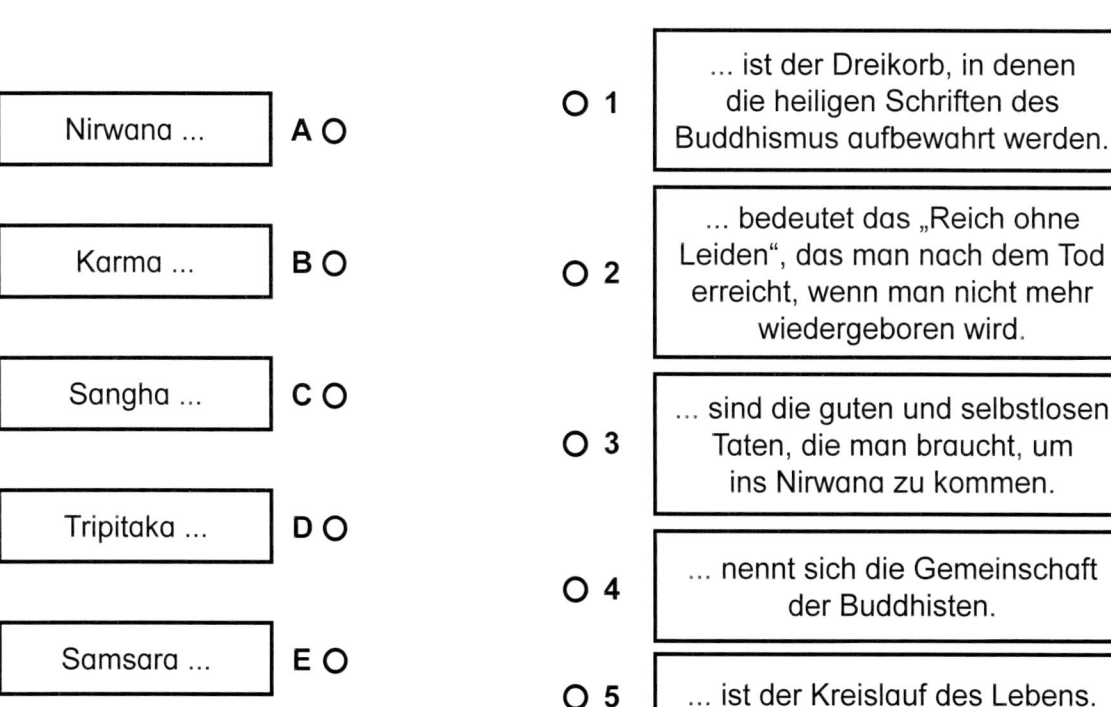

Nirwana ...	A ○	○ 1 ... ist der Dreikorb, in denen die heiligen Schriften des Buddhismus aufbewahrt werden.
Karma ...	B ○	○ 2 ... bedeutet das „Reich ohne Leiden", das man nach dem Tod erreicht, wenn man nicht mehr wiedergeboren wird.
Sangha ...	C ○	○ 3 ... sind die guten und selbstlosen Taten, die man braucht, um ins Nirwana zu kommen.
Tripitaka ...	D ○	○ 4 ... nennt sich die Gemeinschaft der Buddhisten.
Samsara ...	E ○	○ 5 ... ist der Kreislauf des Lebens.

5. Buddhismus

II. Feste

Ende der Regenzeit

Zum Ende der Regenzeit wird ein Fest zu Ehren Buddhas gefeiert. Man gedenkt an diesem Tag, wie Buddha vom Tushita-Himmel auf die Erde kam. An diesem Fest erhalten alle Mönche neue Gewänder.

Das Wesak-Fest

Das Wesak-Fest wird zu Ehren der Geburt Buddhas gefeiert. Man gedenkt der heiligen Nacht, in der Buddha „der Erwachte" wurde und nach dem Tod ins Nirwana einzog. Heutzutage feiert man das Fest mit Geschenken. Man sendet Postkarten an Freunde und Verwandte und schmückt die Ortschaften mit Fahnen, Blumen und Lichtern. Es werden auch feierlich Umzüge veranstaltet.

Feierlicher Umzug zum Wesak-Fest

Esala Perahera

Das Esala Perahera-Fest ist ein Umzug, bei dem der Zahn Buddhas auf dem Rücken eines Elefanten durch die Straßen getragen wird. Es ist ein Fest zur Erinnerung daran, wie der junge Siddharta Gautama aus dem Palast der Eltern auszog, Buddha wurde und seine erste Predigt hielt.

EA

Aufgabe 6: *Beantworte die folgenden Fragen in vollständigen Sätzen!*

a) Woher kam Buddha, als er auf die Erde kam?
b) Was bekommen alle Mönche am Ende der Regenzeit?
c) Woran denkt man beim Wesak-Fest?
d) Was sendet man am Wesak-Fest an Freunde und Verwandte?
e) Was trägt der Elefant beim Esala Perahera-Fest auf seinem Rücken.

Aufgabe 7: *Erklärt mit euren eigenen Worten, was ihr über zwei verschiedene buddhistische Feste wisst! Schreibt in eure Hefte/Ordner! Stellt eure Ergebnisse auch den anderen Gruppen der Klasse vor!*

5. Buddhismus

III. Bräuche, Riten und Symbole

Den Glauben leben

Buddhisten beten überwiegend zu Hause. Dort haben fast alle eine eigene kleine Buddhastatue, vor die sie sich barfuß auf den Boden setzen und meditieren oder beten. Gelegentlich besuchen auch die Mönche aus den Klostern die Menschen in ihren Häusern und beten mit ihnen. Zum Zeichen, dass diese Mönche höhergestellt sind, dürfen sie auf Stühlen sitzen. Gemeinsam wird dann gebetet. Weihrauch, Lotusblümen und Kerzen sind ein beliebtes Opfer. Eines der wichtigsten Gebete ist die „Dreifache Zufluchtnahme":

*„Ich nehme meine Zuflucht
zum Buddha!
Ich nehme meine Zuflucht
zur Lehre!
Ich nehme meine Zuflucht
zur Gemeinde!*

Buddhisten haben vier wichtige Grundeinstellungen. Das sind Erbarmen, Mitfreude, Gleichmut und der liebevolle Umgang und die Freundlichkeit gegenüber Menschen, Tieren und Pflanzen. Das halten die Buddhisten für sehr wichtig.

Regeln & die Sila-Gebote

Das sind die wichtigsten buddhistischen Regeln und Gebote:

- Ich will keine Lebewesen töten.
- Ich will nicht nehmen, was mir nicht gegeben wurde.
- Ich will nichts Unsittliches tun.
- Ich will nicht lügen.
- Ich will keine Drogen nehmen.

Hier sind weitere fünf wichtige Gebote für buddhistische Mönche:

- Ich will nicht zu unerlaubter Zeit essen.
- Ich will mich nicht an Tanz, Musik und Schauspiel erfreuen.
- Ich will keinen Schmuck und wohlriechende Kosmetika benutzen.
- Ich will nicht in einem hohen und breiten Bett schlafen.
- Ich will kein Gold und Silber annehmen.

Buddhistischer Mönch

Das Klosterleben der Jungen

Jeder buddhistische Junge geht mindestens 3 Monate in ein Kloster. In einer feierlichen Zeremonie liest er die ausgewählten religiösen Texte vor. Nach dieser Zeremonie gehört der Junge zum Kloster und zieht das gelbe Gewand an. Er kann sich jetzt entscheiden, ob er im Kloster bleibt oder wieder nach Hause zu seinen Eltern gehen will. Dann muss er das gelbe Gewand wieder abgeben.

5. Buddhismus

Das buddhistische Symbol: Das Rad der Lehre

Das Rad ist ein weit verbreitetes Symbol für den Buddhismus. Die einzelnen Speichen sollen wichtige Regeln auf dem Weg zur Erkenntnis symbolisieren.

Aufgabe 8: a) *Wie beten Buddhisten? Erklärt mit euren eigenen Worten!*

PA

b) *Was ist besonders, wenn Mönche zum Beten zu den Buddhisten nach Hause kommen?*

c) *Nennt die beliebtesten Opfergaben!*

Aufgabe 9: *Erbarmen, Mitfreude und Gleichmut sind drei der wichtigen Grundeinstellungen. Erkläre mit deinen eigenen Worten die vierte noch fehlende wichtige Grundeinstellung!*

EA

Aufgabe 10: *Was macht jeder buddhistische Junge drei Monate lang?*

EA

5. Buddhismus

Aufgabe 11: *Was ist ein weit verbreitetes Symbol für den Buddhismus?*

EA

_____

Aufgabe 12: *Schreibe die passenden Begriffe auf die Linien!*

EA

a) Wo sitzen Mönche, wenn sie Familien zum
gemeinsamen Gebet in deren Häusern besuchen? _____

b) Was ist eines der wichtigsten
Gebete der Buddhisten? _____

c) Was ist eine der vier
wichtigen Grundeinstellungen? _____

d) Zu wem bzw. was sind Buddhisten auch freundlich,
wie es eine der vier Grundeinstellungen besagt? _____

e) Was wollen Buddhisten laut ihrer
Regeln nicht zu sich nehmen? _____

f) Welche Farbe hat das Gewand, das ein buddhistischer Junge trägt, sobald er ins Kloster kommt? _____

g) Welches Symbol hat der Buddhismus? _____

h) Was symbolisieren die einzelnen
Speichen auf dem Weg zur Erkenntnis? _____

Seite 58

6. Abschlusstest

Aufgabe 1: *Beantworte die folgenden Fragen zum Judentum in vollständigen Sätzen! Schreibe in dein Heft/in deinen Ordner!*

a) Was ist die Thora?

b) Mit welchen Voraussetzungen wird man automatisch Jude?

c) Was feiert man mit dem Passahfest?

d) Wieso hat das Chanukkafest etwas mit einem Leuchter zu tun?

e) Was bedeutet Bar Mizwa?

f) Welche besondere Bedeutung hat die Klagemauer?

g) Was bedeutet „koscher"?

Aufgabe 2: *Kreuze die richtigen Aussagen zum Christentum an!*

a) ☐ Das Christentum besteht aus vielen verschiedenen Richtungen.

b) ☐ Die Bibel besteht aus drei verschiedenen Teilen.

c) ☐ Jesus ist der Sohn Gottes, der von Maria geboren wurde.

d) ☐ An Weihnachten wird der Tod und die Auferstehung Jesu gefeiert.

e) ☐ Ein Sakrament ist zum Beispiel die Taufe.

f) ☐ Christen feiern ihren Gottesdienst in eine Moschee.

g) ☐ Das christliche Symbol ist das Kreuz.

Aufgabe 3: *Beantworte die folgenden Fragen zum Islam in vollständigen Sätzen! Schreibe in dein Heft/in deinen Ordner!*

a) Erkläre, wer Mohammed ist und wieso er für den Islam wichtig ist!

b) Was sind die sogenannten Grundlagen des Islams?

c) Was machen gläubige Muslime im Monat Ramadan?

d) Wohin pilgern gläubige Muslime?

e) Wieso essen die Muslime kein Schweinefleisch?

f) Wie heißt der Ort, das Gebäude, in dem sich gläubige Muslime gemeinsam zum Gebet treffen?

6. Abschlusstest

Aufgabe 4: Verbinde zum Thema Hinduismus was zusammengehört!

EA

Im Hinduismus gibt es viele verschiedene Richtungen, ...	A ○		○ 1	... wurde das Kastensystem abgeschafft.
Brahma, Shiva und Vishnu ...	B ○		○ 2	... sind Götter der Hindus.
Die hinduistischen Schriften ...	C ○		○ 3	... z.B. dass sich die Anhänger Vishnus zum Affenweg oder zum Katzenweg bekennen.
Durch Mahatma Gandhi ...	D ○		○ 4	... heißen Veden.

Aufgabe 5: Fülle in den folgenden Lückentext zum Buddhismus die passenden Begriffe ein!

EA

Buddha galt als wirklicher Mensch, der in der _____ Nacht die Erkenntnis

erlangte, dass die Menschen mit der _____ aufhören sollten. Nach

dem Kreislauf des _____, dem Samsara, erhofft sich jeder Buddhist

in das Reich ohne Leiden, das _____ zu gelangen.

Der _____ ist der Sprecher der buddhistischen Welt. Das Symbol

des Buddhismus ist das _____ der Lehre.

Aufgabe 6: Beantworte die folgenden Fragen in deinem Heft/Ordner!

EA

a) Welche Weltreligion hat die meisten Anhänger?
b) In welcher Weltreligion werden mehrere Götter verehrt?
c) In welcher Weltreligion werden Tiere und Pflanzen verehrt?
d) Die Anhänger dieser Weltreligion warten noch auf den Messias.
e) Diese Weltreligion beruht auf fünf Säulen.

6. Abschlusstest

Aufgabe 7: Löse das Kreuzworträtsel, indem du die Aufgaben beantwortest und die Begriffe in die Kästchen einträgst!

a) Welchen Namen hat der Berg, an dem Mose die 10 Gebote erhielt?
b) Wie nennt man eine jüdische Kirche?
c) Was ist der Ruhetag der Juden?
d) Wie heißt das wichtigste Gebet der Christen?
e) Wohin gehen viele Christen sonntags?
f) Was ist das Symbol der Christen?
g) Wie nennen sich die Angehörigen des Islam?
h) Wie lautet das heilige Buch der Muslime?
i) Welchen Namen hat das islamische Fastenfest?
j) Welches Fleisch essen Muslime grundsätzlich nicht?
k) Wie heißen die ältesten heiligen Schriften der Hindus?
l) Woran glauben die Hindus?
m) Welcher Fluss ist den Hindus heilig?
n) Wer ist das große Vorbild der Buddhisten?
o) Wie nennen die Buddhisten das „Reich ohne Leiden"?
p) Wer ist der Sprecher der buddhistischen Welt?
q) Wohin geht jeder buddhistische Junge für mindestens drei Monate?

7. Die Lösungen

Judentum:

1.) a) Abrahams Bund mit Gott.   b) Er glaubte, dass es nur einen unsichtbaren Gott gäbe.
c) Mose führte das auserwählte Volk aus der Sklaverei.   d) Er erhielt die 10 Gebote.

2.) a) schriftlich;   b) Weisung Gottes;   c) mündlich (muendlich);   d) Pentateuch;   e) Messias;
f) Religionsregeln   <u>Lösungswort</u>: Gesetzestext

3.) a) Wenn man eine jüdische Mutter hat, ist man von Geburt an Jude.
b) Im Laufe der Geschichte wurden die Juden wegen ihres Glaubens oft verfolgt und umgebracht.
c) Das Staat Israel möchte vielen Juden eine Heimat geben.

4.) • orthodoxe Juden   • konservative Juden   • Reformjuden

5.) **Zusammengehörende Paare:** A - 2;   B - 1;   C - 4;   D - 3

6.) **Lose Purim:** Das Losfest;   **Passahfest:** Auszug der Israelis aus Ägypten;   **Schawuot:** Das Wochenfest;
Rosch ha-Schana: Das Neujahrsfest;   **Jom Kippur:** Der Versöhnungstag;   **Sukkot:** Laubhüttenfest;
Simchat Tora: Tora-Freudenfest;   **Chanukka:** Das Lichterfest

7.) **Zusammengehörende Paare:** A - 3;   B - 2;   C - 5;   D - 1;   E - 4

8.) **Bat Mizwa:** jüdische Mädchen; 12. Geburtstag; Tochter des Gesetzes; religiös mündig; Tochter der Pflicht
Bar Mizwa: jüdische Jungen; 13. Geburtstag; aus der Thora lesen; Sohn des Gesetzes; Pflichten eines jüdischen Mannes; Gebetsmantel; Kippa; Gebetsriemen; ein Fest wird gefeiert; religiös mündig

10.) a) In der Synagoge wird gebetet, denn es ist ein jüdisches Gotteshaus.   b) Die Frauen beten getrennt von den Männern auf einer Empore.   c) Hier werden Gebetsriemen usw. aufbewahrt, damit sie am Sabbat nicht mit in die Synagoge getragen werden müssen.   d) Das ewige Licht an der Decke, der Chanukka-Leuchter;   e) Der Rabbi;   f) Sobald 10 Männer in der Synagoge versammelt sind.

11.) Lösung siehe Lesetext auf Seite 12!

12.) a) Der Besucher legt einen Stein zur Erinnerung auf das Grab.
b) Gläubige Juden beten das Kaddisch während der Trauerwoche.

13.) **Richtige Aussagen:** b), c), e), g)

14.) a) Siehe Infotext auf Seite 13!
b) Sie ruhen, ziehen sich besonders schön an, besuchen die Synagoge und essen gemeinsam.

15.) Der Schabbat ist mit dem christlichen Sonntag vergleichbar.

17.) a) Thora;   b) Bat Mizwa;   c) Gebetsmantel;   d) Synagoge;   e) Frauen;   f) Thoraschrein;   g) Klagemauer;
h) Stein;   i) Koscher;   j) Mesusa;   k) Ruhetag;   l) Wüstenwanderung   <u>Lösungswort</u>: Rabbi

Christentum:

1.) a) Afrika;   b) katholische;   c) Bibel;   d) Altes Testament;   e) Jesus;   f) Apostel   <u>Lösungswort</u>: Kreuz

2.) Individuelle Lösungen!

3.) a) & b) Individuelle Lösungen!   c) Das wichtigste Gebet der Christen ist das Vaterunser.

4.) Vater unser im Himmel, geheiligt werde dein Name. Dein Reich komme. Dein Wille geschehe, wie im Himmel, so auf Erden. Unser tägliches Brot gib uns heute. Und vergib uns unsere Schuld, wie auch wir vergeben unseren Schuldigern. Und führe uns nicht in Versuchung, sondern erlöse uns von dem Bösen. Denn dein ist das Reich und die Kraft und die Herrlichkeit in Ewigkeit. Amen.

6.) **Weihnachten:** Geburt Jesu; Maria; Stall; Herberge; Volkszählung
Heilige Drei Könige: Heiland, der die Welt erlöst; 6. Januar; Balthasar; Stern
Ostern & Pfingsten: Kreuzigung; Auferstehung; Jünger; Himmelfahrt; Heiliger Geist
Die Sakramente: Taufe; Abendmahl; Priesterweihe; Beichte; Firmung

7.) Individuelle Lösungen!

8.) a) Lösung siehe Infotext auf Seite 20!   b) Der Papst ist der katholische weltliche Vertreter Gottes auf Erden.
c) Das sind evangelische Christen.   d) Im Gottesdienst in der Kirche.   e) Das Kreuz ist das christliche Symbol und erinnert an den Tod und die Auferstehung Jesu.

9.) Individuelle Lösungen!

10.) **Eucharistiefeier:** Dies ist das Abendmahl während des Gottesdienstes, wenn das Brot gebrochen wird.
Liturgie: Mit Liturgie bezeichnet man den Ablauf der Rituale während eines Gottesdienstes.

Islam:

1.) Es gibt keinen Gott außer Gott und Mohammed ist sein Prophet.

2.) Markierte Gebiete müssen sein: Nordafrika, Naher & Mittlerer Osten, Südasien

3.) Der Engel Gabriel erklärte ihm, das er der Gesandte und Prophet Gottes sei.

4.) a) Muslime;   b) Sunniten;   c) Schiiten;   d) frühislamische;   e) Onkel;   f) vierzig;   g) Medina
<u>Lösungswort</u>: Moschee

5.) Lösung siehe Lesetext auf Seite 30!

6.) Individuelle Lösungen!

7. Die Lösungen

Islam:

7.) Individuelle Lösungen!

8.) Lösung siehe Lesetext auf Seite 30!

9.) Nicht zutreffende Aussagen: d), j), o)
Lösungssatz: Das Ramadanfest ist ein großes Fastenfest.

10.) **a)** Die Moschee ist eine Kirche. **b)** Ein Minarett ist ein Turm auf jeder Moschee. **c)** Der Muezzin ruft fünfmal am Tag zum Gebet. **d)** Der Imam ist ein Vorbeter in der Moschee. **e)** Alle knien in Richtung Mekka. **f)** Die Kaaba steht in Mekka. **g)** In der Kaaba liegt ein schwarzer Meteorit. **h)** Sie wollen damit zeigen, dass alle Pilger gleich sind, egal ob arm oder reich. **i)** Das Schwein galt als unreines Tier, das Krankheiten übertrug. **j)** Allah

Hinduismus:

1.) Individuelle Lösungen!

2.) In folgender Reihenfolge: dritt, 750 Millionen, Indien, Lebensart, Veden, Bilder, Vishnu, Glaubensrichtungen, Affenweg, Katzenweg, Seele, drei, Brahma, Vishnu, Shiva, Bäumen, Steinen, lebt in jedem von uns, Gurus

3.) Eine elefantenköpfige Figur. Das soll der Sohn Shivas und seiner Frau Parvati sein.

4.) **a)** Hinduismus; **b)** In Indien. **c)** Veden; **d)** zwei; **e)** Der Mensch muss selbst etwas zu seinem Wohlergehen beitragen. **f)** Der Mensch ergibt sich in sein Schicksal. **g)** Brahma, Vishnu, Shiva; **h)** Gott lebt in jedem von uns. **i)** Das sind herabgestiegene Götter.

5.) Die Gottheiten: Brahma hat die Welt geschaffen. Vishnu erhält die Welt. Ein weiterer Gott ist Shiva, der die Welt zerstören möchte. Avataras sind herabgestiegene Götter.
Alte Schriften: Für Hindus sind Veden besonders wichtig. Sie galten früher als geheim.
Wiedergeburt: Wiedergeburt nennt man Reinkarnation. Wenn die Lebensziele erreicht sind, kann man aus dem Kreislauf der Wiedergeburt aussteigen.
Kastensystem: Die Brahmanen gehören zur obersten Kaste. Früher waren sie oft Politiker oder Priester. Die Unberührbaren sind die unterste Kaste, sie nennen sich selbst Adivasi. Gandhi schaffte die Kasten ab.

6.) Individuelle Lösungen!

7.) Richtige Aussagen: d), g), j), k), m), o)

10.) Individuelle Lösungen!

11.) Krishna, den die Hindus verehren, hat lange als Kuhhirte gearbeitet. Das ist einer der Gründe, warum die Kuh den Hindus heilig ist. Ein weiterer Grund ist, dass die Kuh wichtige Dinge wie Butter, Milch, Kot und Urin liefert.

12.) Nach Varanasi kommen alle Hindus, weil sie dort einmal im Fluss Ganges, „der Mutter Ganga", baden wollen. Es werden schöne Lichterschiffchen geopfert. Viele Hindus wollen auch in Varanasi sterben, da von dort der Weg zu den Göttern besonders einfach sein soll.

13.) **a)** Pujas; **b)** Blumen; **c)** Wahrheit; **d)** Kühe; **e)** Ganges; **f)** Lichterschiffchen; **g)** Aum
<u>Lösungswort</u>: Kasten

Buddhismus:

1.) Lösung siehe Lesetext auf Seite 51!

2.) In folgender Reihenfolge: asiatischen, Sri Lanka (mögliche Lösung), Thailand (m.L.), Korea (m.L.), China (m.L.), Sangha, Buddha, Ehrenname, Erwachte, 2500, Nepal, Kleinkönigs, Siddharta Gantama, Tushita-Himmel, weißer Elefant, Würde, Weisheit, Maya, König, Asita

3.) **a)** Normen und Regeln für Mönche; **b)** Erzählungen über Buddha und seine Predigten; **c)** die Lehre

4.) Geboren: 1935; **Bürgerlicher Name:** Tenzin Gyatso; **Wievielter Dalai Lama:** XIV.; **Ursprüngliche Aufgabe:** Er war das weltliche Oberhaupt von Tibet, bis die Chinesen in das Land einmarschierten.
Heutige Aufgaben: Weisheitslehrer, Friedenskämpfer, Sprecher der buddhistischen Welt
Das bedeutet Dalai Lama: Lehrer, dessen Weisheit so groß ist wie der Ozean.

5.) Zusammengehörende Paare: A - 2; B - 3; C - 4; D - 1; E - 5

6.) **a)** Er kam vom Tushita-Himmel. **b)** Sie bekommen neue Gewänder. **c)** Man gedenkt der „heiligen Nacht". **d)** Man versendet unter anderem Postkarten. **e)** Einen Zahn Buddhas.

8.) **a)** Individuelle Lösungen. **b)** Da Mönche höher gestellt sind, dürfen sie auf Stühlen sitzen.
c) Weihrauch, Lotusblüten und Kerzen.

9.) Individuelle Lösungen!

10.) Er geht in ein Kloster.

11.) Das Rad der Lehre.

12.) **a)** Stühle; **b)** Dreifache Zufluchtnahme; **c)** Erbarmen; **d)** Pflanzen; **e)** Drogen; **f)** gelb; **g)** Rad; **h)** Regeln

7. Die Lösungen

Abschlusstest:

1.) a) Die Thora ist das heilige Buch der Juden, in dem auch der Pentateuch, die fünf Bücher Mose stehen.
b) Wenn die Mutter Jüdin ist, dann wird das Kind automatisch Jude. Beim Vater ist dies nicht so.
c) Den Auszug der Israeliten aus Ägypten.
d) An Chanukka wird die Wiedereinweihung des Tempels gefeiert. Als die Feinde im Jahr 164 v. Chr. den Tempel verlassen hatten, war kaum noch geweihtes Öl für den Leuchter da. Das Öl sollte nur noch für einen Tag reichen und man zündete den Leuchter an. So geschah das Chanukkawunder, denn der Leuchter brannte acht Tage lang, bis wieder geweihtes Öl zur Verfügung stand. Als Erinnerung zündet man heute jeden Abend eine Kerze des achtarmigen Leuchters an.
e) Am 13. Geburtstag wird ein jüdischer Junge Bar Mizwa, d.h. religiös mündig.
f) Sie ist die Westmauer des Jerusalemer Tempelplatzes. Dort können auch Nichtjuden beten.
g) Koscher sind Lebensmittel, die nach besonderen Reinheitsvorschriften hergestellt wurden.

2.) Richtige Aussagen: a), c), e), g)

3.) a) Mohammed ist der Gesandte Gottes und der Begründer des Islams.
b) Die fünf Säulen des Islam.
c) Sie fasten.
d) Sie pilgern nach Mekka zur Kaaba.
e) Muslime essen es nicht, da das Schwein als unreines Tier galt und früher oft Krankheiten übertrug. Deshalb wurde in früherer Zeit das Essen von Schweinefleisch verboten. Die Muslime halten sich noch heute an dieses Verbot.
f) Das ist die Moschee.

4.) Zusammengehörende Paare: A - 3; B - 2; C - 4; D - 1

5.) In folgender Reihenfolge: heiligen, Gewalt, Lebens, Nirwana, Dalai Lama, Rad

6.) a) Das Christentum (2,1 Millarden Anhänger).
b) Der Hinduismus.
c) Der Buddhismus.
d) Das Judentum.
e) Der Islam.

7.) a) Berg Sinai; b) Synagoge; c) Sabbat; d) Vaterunser; e) Gottesdienst; f) Kreuz; g) Muslime; h) Koran; i) Ramadan; j) Schweinefleisch; k) Veden; l) Wiedergeburt; m) Ganges; n) Buddha; o) Nirwana; p) Dalai Lama; q) Kloster